基层治理体系和治理能力现代化研究书系
中国式现代化与基层治理创新研究丛书
华东理工大学人文社会科学优秀学术著作出版基金

新生代农民工的身体实践与文化调适

赵方杜 著

U0951879

華東理工大學出版社
EAST CHINA UNIVERSITY OF SCIENCE AND TECHNOLOGY PRESS
·上海·

图书在版编目(CIP)数据

新生代农民工的身体实践与文化调适/赵方杜著.—上海：华东理工大学出版社，2023.10

ISBN 978-7-5628-7123-1

Ⅰ.①新… Ⅱ.①赵… Ⅲ.①民工—群体社会学—研究—中国 Ⅳ.①D669.2

中国国家图书馆 CIP 数据核字(2023)第 193978 号

策划编辑 / 刘　军
责任编辑 / 牟小林
责任校对 / 王雪飞
装帧设计 / 居慧娜
出版发行 / 华东理工大学出版社有限公司
地址：上海市梅陇路 130 号，200237
电话：021-64250306
网址：www.ecustpress.cn
邮箱：zongbianban@ecustpress.cn
印　　刷 / 上海新华印刷有限公司
开　　本 / 710mm×1000mm　1/16
印　　张 / 12.5
字　　数 / 153 千字
版　　次 / 2023 年 10 月第 1 版
印　　次 / 2023 年 10 月第 1 次
定　　价 / 76.00 元

版权所有　侵权必究

基层治理体系与治理能力现代化研究书系

上海学术·专业出版中心

社会工作与社会治理出版中心

荣誉出品

学术顾问委员会

（按姓氏笔画排序）

马凤芝　文　军　杨发祥　何雪松

邹学银　范　斌　胡　涛　顾东辉

郭圣莉　唐有财　黄晓春　韩建民

出版编辑委员会

（按姓氏笔画排序）

丁　毅　王雪飞　刘　军　牟小林

花　巍　张　辉　居慧娜　孟媛利

秦静良　章斯纯　韩旭冬　藕　园

中国式现代化与基层治理创新研究丛书

华东理工大学社会与公共管理学院
上海高校智库·社会工作与社会治理研究院
组织编写

丛书主编
何雪松

编委会成员
（按姓氏笔画排序）
马晓娜　朱眉华　赵方杜　侯利文
徐选国　唐有财　黄　锐　储　琰

前 言

近年来,新生代农民工群体受到越来越广泛的关注。这一群体不仅数量众多,而且在成长经历、受教育程度、利益诉求和价值取向等方面具有鲜明的代际特征。他们在作为"生产主体"的同时兼具"消费主体"的特性。围绕他们的叙事模式也发生了改变,即从生存论预设下的"生存—经济"叙事模式向公民权视野下的"身份—政治"叙事模式转变。这使其身份认同、文化适应、生活世界等成为重要的研究议题。本书聚焦新生代农民工的身体消费实践这一主题,探索他们在日常生活中的主体性建构与文化调适,不仅可以从理论上推动身体理论和消费理论的本土发展,也可以从实践上促进新生代农民工的主体性建构,推进针对这一群体的柔性治理。

本书以身体社会学、个体化等理论为基础,以质性研究方法为主,辅以大规模问卷调查数据,深刻剖析新生代农民工在身体消费实践和文化调适中的"脱嵌""去传统化"和"再嵌入"的过程与机理。首先,本书对身体社会学的理论脉络和研究谱系进行了系统梳理。其次,本书对新生代农民工的身体实践状况进行了统计分析,进而剖析其身体实践的行为呈现与现实图景、偏好与行为逻辑,并阐释这一行为的规训机制与支配策略,以及身体实践的社会表征与文化意蕴,并对规训技术与数字化影响下的三重赛博格身体进行了分析。最后,本书反思了这一群体个体化生活方式的建构逻辑与行动策略。

研究发现：新生代农民工的身体消费实践是具有主体性的个体通过反思性实践而形成整体性生活方式的过程。第一，他们的身体消费实践体现为从物质身体、文化身体、技术身体到数字身体的多维面向。第二，他们的身体消费实践是不断建构身体资本、社会资本和文化资本的过程，这三种资本之间是相互转化的。第三，他们的身体消费实践是逐步调整自己，以适应城市物质文化、制度文化和观念文化的过程，是一场“个体社会化”进程，但他们由此获得的“城市性”是不完整的。第四，他们的身体消费实践虽然有助于其融入社会和获得身份认同，但也不可避免地受到身体美学霸权的影响，甚至可能沦为消费空间的“新穷人”。第五，在他们的身体消费实践过程中，结构和行动相互作用，使规训权力和个体主体性之间相互影响，从而形成了新生代农民工这一群体的个体化生活方式。

目　录

第一章 作为社会建构的身体

第一节 研究背景与意义

一、农民工研究的模式转换

近年来，新生代农民工群体①受到越来越广泛的关注。他们不仅数量众多，约占农民工总量的一半，而且在成长经历、受教育程度和身份认同上具有鲜明的代际特征。因此，他们在作为“生产主体”的同时兼具“消费主体”的特性。围绕他们的叙事模式也发生了改变，即从生存论预设下的“生存—经济”叙事模式向公民权视野下的“身份—政治”叙事模式转变（王小章，2009），这使社会认同、城市融合、文化适应等成为重要的研究主

① 2010年中央一号文件正式提出“新生代农民工”这一概念。根据全国总工会的界定，新生代农民工为出生于20世纪80年代以后，年龄在16岁以上，在异地以非农就业为主的农业户籍人口。根据国家统计局发布的《2022年农民工监测调查报告》，2022年全国农民工总量29 562万人，其中16岁以上、40岁以下的农民工占到了47%。

题。新生代农民工的身体消费实践无疑是其文化调适与城市融入的重要表征。尤其是消费文化和大众传媒的消费诱导和符号建构，使他们不断追求并实践各种消费体验。但由于经济收入、社会资本等因素的制约，他们的消费需求常常难以得到有效满足。这既使他们产生了身份区隔、心理冲突与地位落差感，也使他们的自我认同和主体建构受到了影响。因此，从身体消费实践入手，剖析新生代农民工的消费行为和路径选择，挖掘其具体消费行为背后的社会表征和文化意涵，探究其在日常生活实践中的主体建构与文化调适进程，可以更好地促进他们融入城市。

本书所说的身体消费实践，类似恩特维斯特尔提出的"情境身体实践"这一概念。恩特维斯特尔基于戈夫曼、福柯、费瑟斯通、梅洛-庞蒂、布尔迪厄等学者提出的理论，提出了"情境身体实践"这一概念。她主张通过具体的日常生活情境中的身体消费实践，考察时尚的文本形态是如何被翻译为日常衣着的，身体在特定文化和社会中是如何理解时尚并被表现为衣着打扮的具体形态的，从而倡导建立一门研究时尚/衣着的身体社会学，以弥合时尚和衣着、生产和消费之间的人为鸿沟，并从社会变迁、性别、时尚工业、身体装扮、身份认同、规训权力、主体性建构等方面展开了具体论述。

二、身体研究的本土推进

在理论方面，本书有助于推动身体理论与消费理论的本土发展。根据已有的研究来看，身体研究在社会学中长期缺席。身体社会学的主要代表人物特纳(2000：93)认为，这要归结为如下三种原因：一是在本体论层面，西方长期存在的身心二元论使身、心分别成为自然科学、人文学科的研究对象；二是在认识论层面，社会学要避免陷入生物主义的境地；三是在方法论层面，社会学要避免个体主义和还原论的取向。因此，本书希望借此推动社会学在这方面的理论进展。尤其是从本土经验出发，通过对新生代农民工身体消费实践的理论逻辑和现实形态进行深入研究，可以为身体研究提供多样的经验素材，并反思当代技术进步、数字化转型对身体的塑造和改变，进一步促进消费理论、身体社会学理论的丰富和发展。

在现实方面，本书有助于促进新生代农民工的主体性发展与柔性治理。一方面，本书注重从身体消费实践入手，更好地剖析新生代农民工在日常生活实践中的文化调适过程，挖掘他们在不同社会场域中的消费偏好和路径选择，分析他们具体消费行为背后的自我价值和文化意涵，以更好地促进他们融入城市。另一方面，在当前社会转型与社会治理体制改革的大背景下，通过深度访谈和问卷调查，本书总结了新生代农民工日常消费的行为特征和最新趋向，不仅为农民工消费政策的制定提供了决策参考，也为消费伦理和文化生态的变革提供了实证支撑，从而推进了社会治理创新发展。

第二节　理论视角与分析框架

一、个体化理论

在现代社会，个体化是一种非常普遍的现象，但是学术界往往更关注全球化和风险社会命题，或多或少忽略了个体化命题。这里的个体化理论主要指鲍曼、贝克、吉登斯等关于社会个体化的最具代表性的观点和命题。贝克用个体化这一概念解释了二战后西欧工业国家，尤其是德国的社会状况。当时，西欧国家的社会福利制度逐步建立和完善，但是，随着全球化、个体主义、性别革命的发展，以及全球风险的冲击，这种明确逻辑已经被模糊逻辑取代，社会政治和现实愈发具有不确定性，第一现代性表征的控制、确定性、安全等基本要素都被瓦解了，社会的不同领域出现了一些新的现象：世界经济的全球化加剧了资本对利润的追逐；西欧的社会民主国家通过鼓励个体提高能动性、责任感，提升选择能力和自助能力，以减少个体对福利国家的依赖。个体逐渐被卷入全球化的浪潮中，独自面对充满动荡和不确定性的风险社会。

个体化理论有“脱嵌”“去传统化”“再嵌入”三个维度，其理论主旨在于强调个体日益从传统中那些对人具有规定性和约束力的范畴中脱离出来，社会变得更加分化和多元。首先，这里的传统包括对个人具有决定作用的阶层、家庭和性别等社会规范，但这并不是说以前的规范不再发挥作用，它们只不过是以一种新的形态和形式作用于个体，不再对人具有绝对的规定性。同时，一些传统还会成为个体可利用的资源，个体不再相信自身是为保持传统而存在，而是相信自己可以成为个人命运的奋斗者。但是，去传统化对个体来说并不意味着会获得绝对自由，个体只是被置于另一种形式的规范当中，其自由是“有限的自由”。这表明，现代社会制度一方面尽力消除个人对传统、家庭和社区的依赖，另一方面又通过市场体系、劳动力市场等把人们牢牢限制在由新的规则组成的社会网络中，现代社会制度对个体的影响实际上在不断增强。这也可以用贝克提出的“制度化的个体主义”来解释。个体化还意味着选择性人生，即贝克所说的“反思性生涯”。第二现代性下，传统从人们的日常生活中撤出，个体在一定程度上可以自主塑造自己的生活。在现代社会中，个体需要具备这种反思性调控的技能和资格，有目的地行动并对自己的人生进行自我塑造。

个体化过程在本质上既是一场个体与社会之间关系的解构与重构过程，也是行动和结构关系的重塑过程。在这一过程中，传统对个体的控制与支持日渐消失，个体从阶层、核心家庭、性别角色等对人具有规定性的传统制度中抽离出来，对自我生涯进行选择和创造。

二、个体化理论的适用性

现代性的自我演进已经使个人从家庭、亲属关系、性别、阶层等工业社会涵盖的一切社会范畴中脱离出来，个体成为社会再生产的基本单元。毫无疑问，中国社会正在经历着个体化转型。去传统化、"脱嵌"、个人生涯的自我书写，以及无法抗拒的关于独立和自由的呼声，几乎所有个体化的特征都发生在中国社会的个体身上。这就需要思考以下问题：西欧社会的个体化命题在何种程度上可以适用于正处在现代化进程中的中国？用个体化理论分析我国农民工消费现象的契合性和可行性如何？

首先，"脱嵌"在我国表现为制度性的社会流动和获得个体身份认同。中华人民共和国成立初期，集体主义（在城市主要表现为工作单位，在农村主要表现为生产大队）和户籍制度对个人的身体流动进行严格限制。20世纪八九十年代，个体受市场力量的影响，离开家庭、原始社区和工作单位，被卷入市场经济的浪潮。同时，国家通过户籍制度改革放宽对社会流动的限制，个人居民身份证的发放更是促进了个体在不同地区间的自由流动。社会流动也反过来推动了社会变革，使人们摆脱了各种各样的传统，成为具有独立个体身份的"我"。农民工群体的产生与我国社会流动的现实背景密切相关，可以说社会流动是农民工群体产生的决定性因素。农民工群体远离家乡到大城市寻求更多的生活机会，并且他们的流动在相当程度上是自我选择的结果。

其次，制度化的个体主义在我国表现为国家治理。阎云翔（2012：353－377）认为我国社会的个体化进程在两个阶段得以实现：一是在中华人民共和国成立初期，土地改革和工商业国有化改革使个人从家庭、宗族社区的传统网络中脱离出来。作为新社会的一分子，个体被组织进农村公社和城市单位中。换言之，个人从个体—祖先的轴线中脱离出来，嵌入个体和国家的轴线上，这种个人—社会—国家的转变可以被视为一种部分的、集体式的个体化。二是自 20 世纪 70 年代以来，劳动和市场经济的私营化带来的个人生活模式的变化，以及体制改革导致的社会结构变迁都推动了我国的个体化进程向纵深推进，个体化成为国家发展现代化的一种策略。可以看出，我国的个体化进程是国家管理和国家主导的。因为在文化和意识层面，民主、平等和个人权利并不是与生俱来的，所以国家仅通过政治体制赋予人民民主。社会的个体化离不开国家福利体系的支持，如住房、教育、养老、医疗等社会福利。但是在我国，国家逐渐从普惠的社会福利体系中抽身，把人们置于劳动力市场中，让个人完全成为自我生涯的书写者。中国社会的个体化虽然给个体带来更多的自由和选择，但新生代农民工的身份迷失和融入困境在很大程度上与待完善的制度体系和社会支持系统相关，这是我们在分析时需要着重注意的。

最后，我国社会的个体化也表现为个体能动性和个人主义。“个体在社会实践中崛起”在我国是客观现实，微观层面的个体社会地位的提升和宏观层面的社会关系的结构性变迁共同导致了我国的个体化进程。个体的崛起得益于国家通过各种制度改革给个体“松绑”，如改革初期的去集体化。在这一过程中，个体能动性发挥了巨大作用。例如，在劳动力市场竞争、日常生活，以及社会关系结构中，个人利益受到重视，不再只服从于集体利益。新生代农民工选择到城市工作的行为充分体现了个体的能动性，以及利用知识、技能实现自我和改变自身地位的意愿。

个人主义曾经是较少被谈及的话题，因为它总是被理解为一种自我中心主义，自私、不合群、功利主义是它的代名词。如今，个人主义通过大众媒体的传播逐渐变得流行起来，人们将其与追求个人利益和个性联系起来，并将其建构成为一种大众意识形态。但是，阎云翔(2012：21 - 22)认为，我国的个人主义与西方不同，出现了“无公德个体”的现象。西方哲学中的个人主义以权利和义务的平等为核心，是独立自主和自力更生的结合，我国的个人主义则发展成为一种功利主义导向的个人主义。在一定程度上，新生代农民工身上俨然已经表现出了西方哲学中的个人主义倾向，独立自主和自力更生的断裂在他们身上得以弥合。除了上述社会个体化的特征，非相关个体间的社会互动、社会信任机制的建立、消费主义的流行都预示着我国社会的个体化正在向纵深发展。因此，运用个体化理论分析我国新生代农民工的身体消费实践和日常生活方式变革是适用和可行的。

三、分析框架

个体化是认识和解读新生代农民工实践的一个重要理论视角。针对社会变迁进程中商品消费和身体美学越来越受到重视的社会背景，本书聚焦新生代农民工的身体消费实践这一特定领域，尝试通过深入分析新生代农民工的身体消费实践，以理解他们在城市融入中的文化调适进程。

各章的研究内容如下：第一章主要对选题缘由、研究问题和研究意义作出说明，并梳理有关核心概念，在此基础上明确研究思路。第二章从理论和经验两个层面，对身体研究的发展脉络进行了系统梳理和总结。第三章利用调查数据，对新生代农民工的身体消费实践状况进行了统计分析。第四章分析了新生代农民工在不同社会场域与文化空间中，身体消费实践的行为呈现与现实图景，包括面部、服饰、健身、养生、整容、电子产品消费等。第五章从消费观念、消费特点、消费差异、内在反馈机制等方面阐述了新生代农民工身体消费实践的内在逻辑与选择偏好。第六章剖析了身体消费实践的规训机制与支配策略，即消费主义、收入与圈子的双重协奏、职业与生活的两极律动、技术与传媒的立体渲染。第七章分析了身体消费实践的社会表征和文化意蕴，即身体重塑、“消费式”融入、无声的抗争、身体审美陷阱与身份认同焦虑、消费空间的“新穷人”与阶层分化显现。第八章关注在技术、数字化转型影响下，形成的三种赛博格[①]身体，即针对肉身改变的医疗赛博格、针对空间规训的空间赛博格和针对虚拟救赎的主体赛博格。第九章从结构与行动互构的角度，阐释了这一群体的身体消费实践与个体化生活方式的建构。结语部分从身体的多维面向、身体资本化、个体社会化、消费美学霸权、规训权力与主体性再造等角度，对本书进行了总结与反思。

第三节 研究方法

一、方法论

本书采取定性研究和定量研究相结合的方法。定性研究可以让我们有机会倾听新生代农民工自己的声音，尤其是他们对自己身体消费实践行为的理解，这在一定程度上能够呈现出具有丰富意义的叙事。定量研究可以让我们在一个更广阔的图景中了解新生代农民工的身体消费实践状况，并且检验从定性研究中提炼出的研究假设，这样的研究结果才具有更好的推论意义。具体而言，本书结合定性研究和定量研究方法，通过分析约 60 名新生代农民工的访谈资料和“流动人口管理和服务对策研究”数据，对他们的身体消费实践进行了系统研究。

二、资料收集方法

本书的定量数据资料源于近年来华东理工大学和南开大学联合课题

① 赛博格，英文为 cyborg，是 cybernetic organism 的结合，也被译为电子人、生化人、半机械人等（Gray，Mentor，and Figueroa-Sarriera，1995：1-14）。

组在哈尔滨、天津、上海、武汉、成都、兰州、广州 7 个城市进行的、针对流动人口的大规模问卷调查。[①] 课题组通过问卷，调查了农民工和白领的就业、消费生活、社会参与、心理健康情况、服务需求等。该调查主要根据当年的《中国流动人口发展报告》《农民工监测调查报告》等提供的数据，确定每个城市的农民工年龄、性别和行业分布，然后培训、组织访问员到农民工聚集区寻找符合条件的样本。本书的研究对象是年龄在 35 周岁以下，且为农业户口的新生代农民工。在删除了留城意愿不明确的样本后，符合分析条件的样本有 1 207 份。

本书采用的定性资料收集方法主要包括以下两种：

一是深度访谈法。在访谈过程中，访问员根据访谈提纲控制访谈进度，并允许受访者积极参与。访问员主要通过自己的社会关系、从自己所处的生活环境中寻找新生代农民工进行深度访谈。在研究对象的选取上，考虑到研究对象的典型性和研究条件的限制，本书将居住在上海的新生代农民工作为重点研究对象，同时兼顾其他几个城市的研究对象。本书关注的是新生代农民工群体的身体消费实践，因此在访谈提纲上尽可能做到内容详尽和结构清晰，涉及他们的基本信息、居住和工作状况、消费观念、消费方式、消费结构、消费差异、自我体验等，确保能掌握真实、全面的一手资料。

二是非参与式观察。非参与式观察是观察者以旁观者的身份，置身于调查对象之外，对研究对象的工作、生活、行为等进行观察。研究者亲自走进新生代农民工的住所和日常生活场景中，以旁观者的身份观察他们的工作、日常生活状态和行为方式，对他们的身体消费实践和城市融入

① 自 2013 年以来，课题组定期在 7 个城市开展针对流动人口的问卷调查。因为 2013 年的调查采用了配额抽样，使样本分布能较大程度地反映总体分布，故本书关于定量数据的分析主要采用这一年的数据来分析，这对当今的新生代农民工群体的研究仍具有借鉴意义。

过程产生了最直观的感受。这促使我们在研究过程中充分重视新生代农民工的生活态度、行为模式、对自己行为的解释，以及与他们相关的心理体验和自我认同。

三、资料分析方法

一是统计分析。本书在对新生代农民工的群体状态进行描述时，对他们的个体特征、消费水平、消费结构、消费观念、消费文化等能够反映这一群体消费总体状况的多个变量进行了统计分析，并对其消费意愿与留城意愿的关系进行了回归分析，以便从总体上把握该群体的身体消费实践与文化调适。

二是类属分析。本书把反复出现的、具有相同属性的资料纳入同一类别，并以一定的概念命名，从而归纳形成了新生代农民工身体消费实践的内在逻辑、规训机制和社会蕴意，并将由身体消费实践建构的生活方式概括为个体化生活方式。

第二章　身体社会学：理论脉络与研究谱系

本章将对社会理论中有关身体的理论脉络和研究发展进行综述，从而为新生代农民工的身体消费实践与文化调适的研究奠定坚实的理论与文献基础。当然，这里只是论述相关研究议题中具有重要影响的观点，而不是论及所有的相关文献。

第一节　身体理论的发展脉络

一、古典思想中的身体论述

西方社会思想对身体的关注历史源远流长。早在古希腊时期，苏格拉底就提出“认识你自己”的著名命题。他认为，认识自己是认识自然和社会的前提，人的本质是心灵和理性，而非身体和感性。理性是永久的、绝对的、整体的，而身体是短暂的、相对的、个别的。所以，理性和身体是对立的，只有运用理性，我们才能获得真理，从而认识自己。柏拉图在《裴多篇》《美诺篇》《高尔吉亚篇》中提到，心灵是善的、纯洁的、不朽的，而身体是恶的、贪欲的、死亡的，身体的欲望逐渐污染了心灵，妨碍了它对真理和智慧的追求。所以，只有学习哲学，或者生命终止，灵魂才能摆脱身体的诱惑和束缚，达到理性和自由。怀特海曾说，整个西方哲学的发展只不过是对柏拉图所做的一连串的脚注。至此，也就开启了西方社会思想中对身体的漫长的压抑和污名化时期(文军，2006：335)。

到了中世纪，教父哲学家奥古斯丁倡导的是宗教理性，即在“上帝之城”面前，身体只是“世俗之城”中一个罪恶的渊薮，它贪婪、自私自利、追求享乐和短暂的欢娱，阻碍了人们对上帝的爱。因此，只有身体被画上十字架，灵魂才能被加强；只有身体黯然，灵魂才能被圣灵照亮(许志伟，2001：117)。那么，个人只能禁欲、苦行、极端压制身体的欲望。不允许人有任何怀疑、批判精神，必须全部信仰上帝，否则就会被视为异端邪说而遭到迫害。只有这样，灵魂才能升至天国，获得上帝的救赎。无疑，漫长的中世纪的宗教理性极大地压抑了人性。

自13世纪末开始，欧洲兴起的文艺复兴运动强烈反对中世纪浓烈的宗教理性，积极倡导用人本主义取代神本主义，肯定人的世俗价值、人追求物欲的权利、人的个性和自主意识。正如当时著名的诗人彼特拉克(Petrarca)所说：“我自己是凡人，我只要求凡人的幸福。”文艺复兴运动把人们的思想从封建的枷锁和神学的桎梏中解放出来，使人获得了重新发现，促进了现代性的产生，也促进了宗教改革。宗教改革是一场宗教的“世俗化”运动，它对旧的封建制度和宗教神学进行了猛烈的抨击，由此产生的新教伦理使一些国家摆脱了教廷的政治和思想束缚，对资本主义精神的产生和近代资本主义的发展起到了巨大的推动作用。

启蒙运动则延续了文艺复兴、宗教改革运动中，肯定人和人的价值的人本主义思想。它高举理性的旗帜，无情地批判封建专制制度和宗教神学，启迪人们从封建专制的桎梏和宗教的蒙昧中解放出来。它肯定人性，认为人的自由、平等和财产所有是人的“自由权利”，是一切幸福生活的基础。剥夺了其中的任何一方面，都是“自然法”所不允许的。爱尔维修(Helvetius)则认为趋乐避苦是人的本性，身体的感受性是人们生活的基础。它使人产生了对欢乐的爱和对痛苦的恨，它是人们一切思想和行为的基础(侯钧生，2007：296)。这表明，启蒙运动的发展带来了人们对理性的宣扬，对人的“自然权利”的重视，对人性的关注，从而奠定了现代性的根基。

至此，理性主义在西方资本主义世界迅速发展，并逐渐占据了主导地位。笛卡尔、洛克、康德、黑格尔等都致力于捍卫理性，和以理性为基础而建立起来的现代性，而伯克、尼采等对理性和现代性进行了猛烈的抨击(谢立中、阮新邦，2004：4)。在笛卡尔(1986：90)看来，身体是感性的、不确定的，而心灵是理性的、确定不移的。因此，他极力贬低身体，将身体比作心灵的“铁镣”，认为“人的精神或灵魂与肉体是完全不同的”“在肉体的概念里边不包含任何属于精神的东西，反过来，在精神的概念里边，也不包含任何属于肉体的东西”。特纳认为，社会科学界普遍接受了笛卡尔关于“身心二分”的观点，从而使身体和心灵分别被不同学科提取出来：身体成为包括医学在内的自然科学的研究主题，心灵则成为人文科学的研究对象。

与之相反，尼采(1991：152)的口号则是“重估一切价值”，他把人看作身体的存在，并在《权力意志》中宣称要以身体为准绳，因为身体是比陈旧的“灵魂”更令人惊异的思想。在《悲剧的诞生》中，尼采将西方历史设想为代表理性、秩序的日神阿波罗和代表感性、情欲的酒神狄俄尼索斯之间的竞争。他对西方自苏格拉底、柏拉图以来形成的理性主义、科学主义进行了猛烈的抨击，认为人类只有在悲剧的再生中才能实现自我拯救。尼采进一步倡导把身体、自我作为哲学研究的中心，开辟了西方哲学的新方向。随后，尼采的哲学经由巴塔耶(Bataille)和德勒兹(Deleuze)的传播，对法国的结构主义和后结构主义产生了重要影响。法国的后结构主义将身体作为一个重要的立场，通过猛烈批判理性主义和意识哲学，形成了身体的社会理论。

二、社会理论中的身体表达

西方社会思想中这种对身体的关注，当然也影响到了社会学，在从古典到现代的理论发展脉络中，我们都可以找到对现代性、身体的论述。在古典社会学家中，对身体进行直接探讨的就是斯宾塞，这也和19世纪后期整个西方社会科学领域都流行一种生物学的倾向密切相关。斯宾塞在《社会学原理》中提出了“社会有机体论”。他反对社会唯名论，认为社会不仅是一个客观存在的实体，而且是一个“有机的实体”。在他看来，社会和生物有机体之间存在很多类似的地方：发展过程都是由小到大，结构都是由简单到复杂，功能都是不断分化和相互依赖的。他认为，犹如生物体中有营养、循环和神经调节系统一样，社会有机体也存在三个类似的系统：一是营养系统，即社会的生产部门，主要指农民和工人；二是循环系统，即社会的流通部门，主要指商业、贸易、交通、流通领域的商人；三是神经系统，即社会的调节与管理机构，主要指政府。这三个系统共同作用，维持了社会有机体的稳定发展。并且，斯宾塞的“社会进化论”认为，这个社会有机体就像自然界的生物有机体一样，也是在不断进化的，都要经历一个由简单到复杂、由同质到异质的变化过程，由“军事社会”发展到“工业社会”。因此，斯宾塞的“社会有机体论”和“社会进化论”也被很多人认为具有明显的结构功能主义和社会进化论的色彩。

古典社会学三大家（马克思、涂尔干、韦伯）的理论也涉及了现代性与身体。虽然，从表面上看他们都注重对社会制度、社会整合、理性化等宏大议题的论述，但是仔细分析的话，仍然能发现在他们的理论分析和现实关注中，身体以一种“隐而不显”的方式存在（黄金麟，2006：8）。在马克思看来，身体既是一种自然的存在，也是一种社会的存在，身体的再生产既是人类生命的延续，也是社会存在和发展的前提。并且，马克思关注到现代资本主义制度对人的身体进行了前所未有的剥削和摧残，尤其是在资本主义的生产体系中，劳动的异化带来了人的异化，身体由生命的载体变成了劳动的工具。马克思认为，未来的共产主义社会所要达到的一个主要目标就是把这种被戕害的身体从异化的状态中解放出来，从而使人全面解放与自由。在涂尔干看来，传统社会是机械团结的社会，它的基础是集体意识。这种集体意识通过法律、习俗等各种规范控制人们的思想和身体，违反集体意识的行为会被严格管制。其中一种主要的管制方式就是对身体进行直接惩罚。现代社会是有机团结社会，建立在社会分工和个人异质性的基础上。这时的法律、规范不再是一种“惩罚性”的，而是“恢复性”的，以维护整个社会的秩序。在《自杀论》中，涂尔干认为，个体的身体在强大的“社会事实”面前表现各异，最严重的就是个体残害自己的身体——自杀。在《宗教生活的基本形式》中，涂尔干则认为身体有两个层面，即生理性的身体和社会化的身体，并通过列举文身、图腾等例子进行了分析。

韦伯认为，西方社会现代性的实质就是理性化，并对新教伦理中的以劳动为天职、勤勉、节俭、追求财富、抵制享乐性消费等禁欲苦行主义做了大量分析，认为这种独特的资本主义精神通过严格压制身体的享乐欲望、发挥身体的建设性力量，有力地促进了西方资本主义的发展。但是，到了晚年，韦伯逐渐认识到社会理性化所面临的两难困境：形式合理性与实质合理性、工具合理性与价值合理性的矛盾。虽然韦伯仍然对资本主义的将来满怀信心，但他也忧虑人类将不得不在这种“铁牢笼”中不断麻木僵化、压抑个体、身体受缚。“没人知道将来会是谁在这铁笼里生活；没人知道在这惊人的大发展的终点会不会又有全新的先知出现；没人知道会不会有一个老观念和旧理想的伟大再生；如果不会，那么会不会在某种骤发的妄自尊大情绪的掩饰下产生一种机械的麻木僵化呢，也没人知道。因为完全可以，而且是不无道理的，这样来评说这个文化的发展的最后阶段：‘专家没有灵魂，纵欲者没有心肝；这个废物幻想着它自己已达到了前所未有的文明程度。’”（韦伯，1987：143）“后工业社会”的提出者丹尼尔·贝尔（1989）明显受到了韦伯的影响，他认为，在资本主义兴起的时候，资本家雄心勃勃的进取精神和勤俭节约的禁欲苦行主义二者有机结合在一起，促进了资本主义的发展。而在当今社会，随着禁欲苦行的基督教清教主义的式微，传统的道德体系逐渐没落，代之而起的是大众消费主义的盛行，使人们在努力追求财富的同时，更加注重享乐和消费，身体成为欲望的载体。

当然，同处古典时期的齐美尔也对身体关爱有加，不过他更多的是关注人们在现代生活中的身体体验。因为，齐美尔认为现代性的本质是心理主义，即个体对生活世界的主观感受和心理体验。所以，他描述了现代人的都市生活，认为人们正是通过理性至上、金钱崇拜、务实态度、张扬个性、表现自我等手段在公共领域“顺应”现代社会的同时，在私人领域却以旅游、冒险、时尚、服装、音乐、秘密社会等各具特色的身体体验来表达着他们对现代社会的逃避与反抗。涂尔干的外甥、学术继承人，著名的人类学家、社会学家毛斯（Mauss）特别谈到了“各种身体技术”。他（2003：301、306）认为，身体是人首要的、最自然的工具，身体技术是指人们在不同的社会中，根据传统了解并使用他们身体的各种方式。在毛斯看来，这种身体技术因性别与年龄而不同，即两性之间的身体技术不同。同时，随着年龄增长，身体技术也会不断变化。毛斯举例分析了出生和分娩的技术、儿童时期的技术、青少年和成年时期的各种技术等。这些身体技术的习得使生理的身体变成社会的身体，自然人成长为社会人。在身体技术习得的过程中，也就进行着社会规范的传递和文化的延续。毛斯的这种思想对玛丽·道格拉斯、福柯、布尔迪厄等的身体论述都产生了深远的影响。

在现代社会学中，最早对身体及其表现进行直接而卓有成效分析的是拟剧论者戈夫曼。与帕森斯关注宏大的社会结构、社会系统不同，戈夫曼在《日常生活中的自我呈现》一书中，主要以一种微观的视角，对日常生活世界中的身体互动进行了详细的分析。在他看来，整个社会就是一个大舞台，我们每个人都是这个舞台上的一个角色，日常生活的社会情景就是剧场，互动过程就是表演。在表演过程中，我们通过有意识地控制身体的言行、举止、仪表等，向他人展现一个良好的自我形象，这就是印象管理。而且，在前台、后台等不同的生活舞台上，在理想化表演、神秘化表演和补救化表演中，我们的身体表现都依据具体情景而大相径庭。所以，在社会生活中，人们的身体行为都是反思性的自我对身体表现的控制、调节，并与他人持续互动的产物。在戈夫曼（2008：205）看来，这种戏剧的视角可以构成"第五种视角"，成为技术的、政治的、结构的、文化的视角的补充，从而帮助人们更好地认识社会生活中的身体表现活动。

埃利亚斯（Elias，1998）则在《文明的进程》中，考察了作为文明进程的载体的身体。他从身体行为的文明化过程入手，考察了西方现代文明发展的动态过程，并以日常生活中的就餐行为、擤鼻涕、吐痰、卧室中的行为、攻击行为等为例，进行了具体且详尽的阐述。他认为在这个过程中，通过持续的个人习得和代际传递，身体的自然性会不断被改造，而各种社会文化的烙印会逐渐加深。因此，整个西方社会文明的漫长进程，不仅是从宫廷礼仪、礼貌再到文明的演变过程，也是身体不断被社会化、理性化、文明化的过程。

受梅洛-庞蒂、埃利亚斯等的影响，布尔迪厄也关注实践中的身体。布尔迪厄认为，身体是社会建构的产物，或者说是惯习和场域共同作用的产物。反之，身体也影响着惯习和场域。因为身体是惯习得以产生的载体，也是惯习的表现形式之一。如果场域影响着惯习，那么身体也就体现着场域的特性。同时，身体也是一种资本，在不同的场域和惯习的作用下，身体既可以转化为文化资本，也可以转化为经济资本。布尔迪厄强调了文化场域的相对自主性，而不是简单地化约为经济决定论。他认为不同的文化资本、经济资本决定了不同阶层的品位、性情倾向、生活方式、社会表现等，而这些都通过特殊的符号加诸身体并通过身体表现出来。这种身体的差异性表现标志着阶层之间的区隔，也建构着阶层之间的区隔。同时，它更体现了一种权力和社会不平等。在《现代性与自我认同》一书中，吉登斯认为，身体是一个行动系统、一种实践模式，并且在日常生活的互动中，身体的实际嵌入是维持连贯的自我认同感的基本途径。随后，吉登斯从身体外貌、行为举止、身体的感性、生活制度等方面说明了身体与自我认同的特殊关联性：在高度现代性的社会中，这些身体活动反映了社会制度和社会变迁，并影响到个体的自我建构。因此，吉登斯（1998：111）认为，在高度现代性的社会中，身体逐渐成为现代性的反思中的一部分。

第二节　身体研究的多维面向

在社会学研究中，身体呈现出不同的维度，既是物质形态的身体，也是文化象征的身体，更是技术对象的身体。

一、作为物质形态的身体

不可否认的是，身体兼具生物性和社会性双重性质。但是，马克思更关注的是身体的生物性，即物质性身体所具有的生产属性。马克思认为，身体存在于社会实践中，是一种具有生产性的工具，他强调将身体作为劳动资本的工具性。韦伯(2012：63)通过分析资本主义制度，认为新教徒将获取财富和劳动看作"荣耀上帝"的职责所在无疑是将个人身体看作履行劳动职责的工具和"荣耀上帝"的手段。布雷弗曼认为，资本通过泰勒的科学管理和机械化手段实现了对劳动过程的控制，机械化和分工使资本从工人手中夺得对劳动过程的控制权，工人沦为工业生产的工具(孙淑敏、宋晓晓，2016)。

身体是一种语言、记忆和文本，它能够重新体验和发现流动人口群体中被"遮蔽"或"遗忘"的经验世界(潘泽泉，2008)。以身体为研究对象的学者通常关注的是各个行业的农民工群体，尤其是打工妹。洗脚妹一双"被管理的手"体现的是资方对劳动者身体的控制和规训，以此打造一具合格的劳动身体(阎玉芳，2008)。同样的，对"洗脚妹"这个群体的研究则认为她们存在工作与生活界限被打破、身体的劳动不得不忍受资本与市场双重剥削和社会污名化的事实(陈龙，2015)。从身体社会学的视角对农村流动人口进行再思考，发现农村流动人口的身体不断卷入城乡结构和社会性别的再生产过程中(江立华、王斌，2013)。闲暇的身体是农民工进城打工的动力之一，在进场后，他们的身体时刻处于被压制和异化的状态(张丽雯，2014)。另一项关于快递小哥群体的研究表明，作为新型青年劳动力群体，快递小哥的身体是其最主要的从业资本。由于物流行业的特殊性，该研究认为快递小哥的身体经验呈现出多维度的特征：疲惫的身体、“自由”的身体、被剥削的身体、“泛社交”的身体和缺少庇护的身体（浙江省团校课题组、蔡宜旦、卫甜甜，2017）。

作为物质形态的身体，除了表现为生产形态，也表现为消费形态。“身体美学”一词最早出现在舒斯特曼的《实用主义美学》一书中，此后关于身体形态的审美、身体形象的研究逐渐增加。从身体的角度来看，戈夫曼的拟剧论把社会比作舞台，把社会成员比作演员，这是在日常的人际交往中审视身体。作为舞台上的表演者，每一位社会成员不仅关心自己会给别人留下什么印象，也会注意自己的外表，使其尽量符合自己要扮演的角色形象。因此，在日常的自我呈现中，表演者会在“前台”对自己进行印象管理，调整身体的言行举止和外表，使他人按照我们的愿望看待自己。所以，人们的行为都是反思性的自我对身体表现的控制、调节，并与他人持续互动的产物。随着后工业社会的来临，消费主义逐渐渗透到人类生活的各个方面，“我思故我在”演变成了“我消费，我存在”。

消费理论的知名学者鲍德里亚（2000）指出，现在的身体如同商品一样可以被大规模地生产、交换和销售出去。尤其是随着医学技术的发展，整个社会似乎推崇对身体美、身体健康的追求，国内也掀起了一股整容、减肥、健身、追求时尚的热潮。体育健身成了打造美丽身体的主要手段，是身体规训和身体享乐的矛盾结合体（赵歌，2016）。人造美女的出现是对追求身体美的最好诠释。女性通过外科手术，实现了自己的美丽规划，这是一种女性的自主选择。但是，在成为人造美女的过程中，女性不仅失去了自己的特色，也走向了新的束缚（张静文，2011）。同时，视觉化、大众化和技术化的消费观带来对身体美的消费异化，使身体成为可以改造的商品（何亚珍，2014）。也有学者关注女性美容技术，认为美容是从权利技术到自我技术转变的身体建构过程（董金平，2013）。在自我技术的社会中，女性被迫通过美容手术来修复自己的身体。但是在自我技术中，女性成为一个能动的主体，她们对美容的选择是一种自我选择性的产物。

二、作为文化象征的身体

人们在不同的社会中，根据传统了解并使用他们身体的各种方式被毛斯（2003：301）称为身体技术。道格拉斯、布尔迪厄等都深受毛斯这种思想的影响。道格拉斯将身体视为社会关系的隐喻，她认为身体是一个象征性的文化系统，文化中的主要规则、等级制度都体现在身体上，并通过身体这一具体语言得到强化（沈奕斐，2005：155）。布尔迪厄（1997：189）提出的文化资本与身体有一定关联，主要指在具体的社会实践中，个体所体现出的行为倾向。而齐美尔认为身体带有社会、历史的印记，是还原历史的文本。

身体是打工妹适应城市生活的资本。在掩饰"土气"、装扮"洋气"的过程中，她们的身体隐喻的是打工妹与城里人不平等的社会关系，这是一种受到工业主义和消费主义双重影响的文化（朱虹，2008）。另外，我们也可以发现整容整形这一制造美丽的手段背后隐喻的结构性特点。在韩国，整容已变成一种日常化的实践行为。通过对韩国女性整容行为的研究，可以发现整容是由父权制带来的容貌至上主义文化（姚同伟，2017）。女性通过整容获得自我认同和社会认可，这在一定程度上意味着她们默认了外貌歧视的文化规范，进而导致自己处于不平等地位。这一点与女性主义者认为男女的差别不是自然形成的，而是由以男性为中心的社会和文化所建构的观点相同。

此外，也有学者对流动人口群体的身体形象进行了研究。在工厂和服务业研究方面，具有代表性的是潘毅（2007）对工厂女工和何明洁（2009）对打工妹的研究，她们认为身体体现着身份特征，工厂女工和打工妹群体渴望获得城市身份，对城市身体的认知和改造是她们扮演城里人角色的开始。在建筑业，当农民工走出工地，乘坐城市地铁、公交等公共交通，进入医院、商场等公共场所时，他们的服饰特征向“城里人”传递着职业、身份、地位和文化等信息，由此遭受“城里人”的排斥并影响他们对自我的认同（鲁佩涛，2014）。农民工群体的身体状态本身仅仅是一种无关优劣的生理特征，但在个体、群体与社会等多层次因素的作用下，它被贴上了负面标签，导致特征所有者由此背负“污名”（文军、田珺，2017）。

在对身体的研究过程中，我们不能忽视舞蹈、体育等以身体为基本载体的艺术形式，因为舞蹈、体育同样也体现着社会历史文化特征。形成于巴西殖民时期的桑巴舞通过肢体语言表达自我的立场，是一种身体反抗语言。从某种程度上来说，桑巴舞不仅代表着舞蹈本身，也是人类文化进程的独特表现方式（江叶，2018）。从形式上来说，作为一项生理活动，体育集中展示的是人类身体。体育运动员的身体是一具被征用的身体，运动员的培养过程和流水生产线类似，运动员被逐渐塑造成国家、社会需要的“产品”类型（孙睿诒、陶双宾，2012）。

三、作为技术对象的身体

在探讨作为技术对象的身体时，我们应关注医学技术对身体的塑造和改变。在《临床医学的诞生》一书中，福柯（2001）用知识考古学的方法研究了医学的发展，认为在临床医学诞生之前，疾病经历了三次“空间化”：第一次空间化是把疾病与病人分离，医生只关注疾病的症状以确定其所属类别，病人是医生辨别疾病的障碍；第二次空间化是医生摆脱了纯粹的症状分类和医疗经验，关注病人本身的个体状况；第三次空间化是疾病治疗过程中的空间分割和有针对性的干预。福柯认为，这引起了新的医学话语的发展，并使现代临床医学得以诞生。在福柯看来，这个发展过程是历史偶然建构的产物。而传统理论认为现代医学是人类理性和医学实践逐步发展的结果，是历史连续性和必然性的产物。二者之间明显不同。

当代科技发展对身体的影响主要体现在以下两个方面：一是互联网催生的电子空间（cyberspace）对身体的社会互动模式的影响，二是医疗技术的发展对身体的重新塑造（Shilling，2005：173－188）。从发展历史来看，对身体的医学研究在古希腊时期就已经出现了，当时经常有对边缘人和犯人的活体解剖。19世纪中期的欧洲和北美洲经常对穷人和少数族裔的身体进行医学解剖。到了20世纪，尤其是最近几十年，器官移植才更普遍，这也引起了人们对身体界限的思索（Lock and Farquhar，2007）。除了医学技术上的支持，器官移植也逐渐常规化并成为所有国家卫生保健系统的组成部分，这也反映出绝大部分的保健行业从业者和政策制定者都认为，利用自愿捐献者的器官进行器官移植是合理的、值得的、没有问题的。全球化时代的器官交易则是另一个层面。有研究发现，人们主要从不发达地区的穷人、文盲、流浪者那里获取身体器官。随后，他们开始与政府机构（如太平间、精神病院等）进行合作，并逐渐成为大型企业，从而牟取暴利（Harrison，1999：31－32）。

国内也有学者对器官移植进行了研究。余成普在器官移植问题上做了一系列研究，他以身体为核心，展现了器官移植者在器官移植后的生活：一方面，移植者的身体状况虽然得到了恢复，但再生产了他们病态的身体和病人的身份，身体和疾病变成了隐喻和象征的来源；另一方面，器官移植超越了传统身体边界的概念，移植者可能会因为对器官来源的想象和身体完整性的迷恋而转变自我认同，甚至导致危机发生。同时，器官也是一种“生命的礼物”，器官捐赠和移植造就了一种陌生、匿名的社会关系，扩展了传统礼物的“赠予—接受—回馈模式”（余成普，2011）。

更多研究则是从疾病入手，关注在这种特殊情境中，身体的社会学意义。在对乙肝群体所做的研究中，我们可以发现，受社会、制度、文化、习俗等多方面因素的影响，乙肝问题并非简单的个体身体问题或疾病医治问题，而是一个社会问题(廖菲，2006)。所以，不能仅仅从医学的角度，更要从社会学、心理学的角度加以关注。与之不同的是，患有尘肺病的农民工的身体经历了从异化的身体、漠视健康的身体、痛苦和贫困的身体、沉默的身体到反抗的身体的过程，这个过程充分体现了痛苦的身体和国家、资本、社会之间的关系。也有研究聚焦疾病对自我的身体认同感、人际交往和亲密关系的破坏等方面。例如，黄盈盈、鲍雨(2013)认为，乳腺癌患者会经历从“疾病”身体到“残缺”身体的过程。对于这类群体来说，残缺的不仅是身体机能、感受和身体形象，还是患者的个体认同和人际关系。疾病的来临使她们不得不接受残缺的身体认同，并在日常生活中采取各种各样的应对策略和印象管理手段(鲍雨、黄盈盈，2014)。对于阴性艾滋病患者来说，相对于生物医学上的“疾病”，他们在身体上承受着沉重的病痛重量，社会对他们的污名化，使其迷失了自我，日常生活世界发生坍塌(苏春艳，2014)。

第三节　研究反思

作为理解当代社会的工具，身体社会学具有独特的价值意义。西方身体社会学的研究成果丰硕，为我们的相关研究提供了坚实的理论基础。但国内身体社会学研究更多集中在西方经典文献、著作的翻译上，重视理论研究工作，对经验现象的关注相对不足。例如，作为劳动工具，身体是物质身体的基本表现形式之一，但这方面的研究更多聚焦流动人口群体。同时，作为物质身体的另一种形态，消费载体的身体关注在消费文化背景下，人们对身体形象和身体审美的追求。作为文化象征的身体，身体的实践和体验是宏观社会背景的缩影，分析宏观的社会、文化安排是进行深入研究的基础。但已有的研究受后现代社会个人主义和消费主义文化的双重影响，大多从结构性的宏观角度分析，过度关注身体的文化符号性意义，而忽视了日常生活中真实的、具体的身体。随着生活水平的提高和对美好生活的向往，作为医学对象的身体逐渐进入了学者的研究视野。

已有研究成果为我们理解新生代农民工这一群体的身体消费实践与文化调适奠定了良好的基础，但还需要对许多重要问题做进一步深入的探讨：

第一，在研究聚焦点上，注重对身体消费实践的研究。近年来对农民工消费的研究较多，聚焦其身体消费实践的较少。应加强对新生代农民工身体消费实践的时空场域、行为习惯、文化意涵、发展趋向的深入分析，并将其置于这一群体的文化调适与日常生活实践过程中加以理解。

第二，在具体分析中，对身体消费实践所蕴藏的规训权力阐释不足，并加强对不同时空场域中身体消费实践的比较研究。已有研究更多是对单一时空场域中身体消费实践的个案分析，应注重对不同时空场域中身体消费实践的比较研究，使之呈现出更多的面向和意义，从而在多元社会空间中把握这一群体文化适应的整体面貌。

第三章　新生代农民工身体实践的统计分析

第一节　数据与测量

一、数据来源

如前所述，本章的数据资料源于近年来华东理工大学和南开大学联合课题组在哈尔滨、天津、上海、武汉、成都、兰州、广州 7 个区域性中心城市进行的针对流动人口的大规模问卷调查。该调查针对流动人口的就业、消费生活、社会参与、心理健康、服务需求等进行了详细的询问。该调查要求受访者在本地居住一个月以上；如果是在企业工作，进入企业的时间也要在一个月以上。课题组在每个城市完成 500 份问卷，全部问卷共计 3 500 份。

该调查以配额抽样和便利抽样相结合的方式，但是在选择被访对象时尽量以随机的方式进行，避免主观偏误。每个城市有 500 份样本。根据当年的《中国流动人口发展报告》《全国农民工监测调查报告》等提供的数据，课题组设定如下三个参考指标：性别方面，男性占 55%、女性占 45%；职业类型方面，农民工占 80%（400 人）、白领（大学毕业者）占 20%（100 人）；城区分布方面，中心城区（以商业、居住为主）占 40%～50%，边缘或半边缘城区（以制造业为主）占 50%～60%。

具体而言：

农民工样本有 400 份，其中又分为 300 位正规就业者，100 位非正规就业者。300 位正规就业者中，有 150～180 位从事制造业，有 30～50 位从事建筑业，有 80～100 位从事服务业。100 位非正规就业者中，在固定场所或流动场所经营的人有 40～50 位，在小工厂或（10 人以下规模的）小店铺就业的有 30～40 人，零工、散工、小工匠、拾荒者、摩托车拉客者等有 20～30 人。

白领样本有 100 份，主要是大中专毕业生，以受雇就业为主，其中在私有企业工作的占 40%～50%，在外资企业工作的占 20%，在国企工作的占 20%，在政府部门或事业单位工作的占 10%～20%。

调查对象是“新生代农民工”，即年龄在 35 周岁以下，且为农业户籍的农民工。在删除了留城意愿不明确的样本后，符合分析条件的样本有 1 207 份。

二、变量测量

调查涉及的变量主要包括新生代农民工的个体特征变量、消费状况变量和留城意愿变量。首先，在探讨个体特征对消费的影响模型中，个体特征为自变量，消费状况为因变量。然后，进一步检验消费状况对新生代农民工留城意愿的预测程度。消费状况为核心变量，个体特征为控制变量，新生代农民工的留城意愿为因变量。

国内学者对农民工消费的研究较多，但大多数研究都是建立在访谈资料基础上的质性研究，定量研究相对不足。现有研究发现，在生命周期内，随着年龄不断增长，消费者的消费行为和消费需求存在差异，由此引发人们关注生命周期与消费之间的关系（赵周华、王树进，2018）。一般来说，女性比男性更容易在形象或消费上受到城市生活方式的影响（王宁、严霞，2011）。因此，研究者需要考虑行业和性别的差异。此外，还有学者提出了消费的收入决定论、（闲暇）时间效应和恩格尔系数等。

因此，调查的个体特征变量包括年龄、婚姻状况、子女数、文化程度、月均收入、性别、工作行业、入城年限、工作时间。其中，婚姻状况分为未婚且无恋爱对象、未婚有恋爱对象、已婚、离异、丧偶。工作行业细分为制造业；建筑业；一般服务业（住宿餐饮、批发零售、交通、运输、邮政、家政、物业、维修等居民服务业）；技术性服务业（金融、信息、研发、咨询等现代服务业，以及教育、水电、医疗、政府部门等公共服务业）；非正规就业（自己经营、小店铺或工厂的雇工、散工）五类。工作时间即平均每日的工作时间。

根据研究前期的访谈结果，课题组将新生代农民工的消费状况概括为消费支出水平、消费结构、消费观念、消费文化四个维度。在问卷中，消费支出水平是通过询问被调查对象平均每月消费支出来测量的。消费结构是通过计算新生代农民工在化妆品和服装方面的消费支出占总支出的比例来测量的。消费观念的测量是通过询问具体问题来实现的：一是问受访者是否使用信用卡消费；二是问以下说法是否符合新生代农民工的情况，如“除了生活必需品，你从不轻易购买其他东西”“你会把每个月收入的一部分存起来”。

已有研究指出，打工妹的身体消费和身体资本的建构是其城市适应的重要内容（朱虹，2008），是其主体性再造和身份转换的一种手段（余晓敏、潘毅，2008），并产生了两栖消费策略与两栖身份认同（王宁、严霞，

2011)。显然,新生代农民工的身体消费实践不仅是其城市适应的外在表征,更是其文化适应的具体体现。那么,通过消费表征的生活方式,能否预测新生代农民工的留城倾向呢?本章将进一步选取留城意愿作为因变量、消费状况作为自变量进行分析。在问卷中,通过询问受访者“是否愿意在目前城市永久定居”来测量。

三、数据分析

所有数据均采用SPSS统计软件进行分析处理。如表3-1所示,描述性统计聚焦于整个样本的各方面概况,如个体社会特征、消费支出水平、消费支出结构、消费观念、消费文化、留城意愿等各个维度的离散和集中趋势。多元线性回归旨在检视个体社会特征变量对新生代农民工消费支出水平、消费支出结构的影响。Logistic回归旨在探索个体社会特征变量对新生代农民工消费观念、消费文化的影响,并进一步探讨新生代农民工的消费状况对其留城意愿的影响。

表3-1　数值型变量描述统计表(n=1 207)

变　量	极小值	极大值	均　值	标准差
年龄/岁	16.000	35.000	25.270	4.497
子女数/个	0	5.000	0.400	0.665
入城年限/年	0	29.000	4.890	4.704
月均收入/元	0	80 000.000	3 444.950	3 617.789
日均工作时间/小时	1.000	24.000	9.360	2.242
月均消费/元	10.000	9 999.000	1 437.180	1 037.330
身体消费占比/%	0	100.000	17.000	17.200

第二节　消费状况的描述性统计

经过对数据的清理和筛查，课题组最终获得 1 207 份有效样本。本书中涉及的变量可以分为数值型变量和分类型变量。其中，数值型变量包括年龄、子女数、入城年限、月均收入、日均工作时间、月均消费、消费结构（身体消费占比）；分类型变量包括性别、文化程度、婚姻状况、有无子女、工作行业、消费观念、消费文化、留城意愿。描述统计结果见表 3－1、表 3－2。

表 3－2　分类型变量描述统计表（n＝1 207）

变　量	值	百分比/％
性别	女	42.4
	男	57.6
文化程度	没上过学	0.7
	小学	5.9
	初中	33.6
	高中	16.4
	中专、技校、职高	11.0
	大专	15.5
	本科	15.2
	研究生及以上	1.7

变　量		值	百分比/％
消费观念	信用卡消费	没有	73.4
		有	26.6
	不购买非必需东西	不符合	45.2
		符合	54.8
	每月有存款	不符合	27.8
		符合	72.2
婚姻状况		未婚无对象	37.7
		未婚有对象	24.4
		已婚	37.0
		其他	0.9

续表

变量	值	百分比/%	变量		值	百分比/%
有无子女	有	30.9	留城意愿		不愿意	42.3
	无	69.1			愿意	57.7
工作行业	制造业	30.1	消费文化	消费交往融合	不符合	40.7
	建筑业	9.0			符合	59.3
	一般服务业	17.1		消费攀比	不符合	70.0
	技术性服务业	19.2			符合	30.0
	非正规就业	24.6				

由表3-1、3-2可知，受访者的平均年龄约为25周岁，最小为16周岁，最大为35周岁。其中，女性占42.4%，男性占57.6%，男性多于女性。在婚姻状况方面，60%以上的受访者处于未婚状态，37%为已婚者，离异、丧偶等其他情况所占比例较小，而且近70%的受访者还没有孩子。这与老一代农民工存在较大的不同。访谈发现，在同样是未婚状态的新生代农民工中，有对象者与没有对象者的消费支出有差异，因此，课题组又将未婚状态细分为未婚无对象和未婚有对象两类。数据显示，未婚无对象的占37.7%，未婚有对象的占24.4%。

从文化程度上看，33.6%的受访者为初中水平，高中、中专、技校和职高水平共占27.4%，大专及以上水平占32.4%，而小学及以下的仅占6.6%，可见新生代农民工的受教育水平普遍比其父辈要高。相对较高的文化程度使他们更容易接受城市现代化的观念，也更容易适应城市现代化的生活方式。从工作行业分布来看，从事制造业的最多，占30.1%；非正规就业占24.6%，技术性服务业占19.2%，一般服务业占17.1%；最少的是建筑业，占9.0%。这与老一代农民工的就业行业分布有所差异，从事技术性服务业的比例大幅增加。从事技术性服务业的农民工在城市比在农村更容易获得就业机会。同时，相较于建筑业和制造业等传统的农民工就业行业，服务业对员工的外貌形象和着装等有更高的要求。

入城年限这一变量显示，受访者中来到城市时间最长的为29年，最短的还不到1年，说明这一群体入城年龄为20岁左右，农业生产经验较为缺乏。从月均收入来看，受访者之间的差异很大，最低的为0，最高的为80 000元，平均月收入为3 444.95元，标准差为3 617.789。因此，新生代农民工的收入呈现出高度分化的特点。尽管新生代农民工与本地居民的收入差距依然很大，但与老一代农民工相比则有了一定的提高，这些收入使他们在城市拥有了一定的消费能力。他们的日均工作时间最长的为24小时，最短的为1小时，平均为9.36小时，比一般的8小时工作时间要长一些。工作时间越长意味着闲暇时间越少，闲暇时间的不足可能限制了新生代农民工消费。

统计结果显示，受访者月均消费最低为10元，最高为9 999元，平均为1 437.18元，标准差为1 037.33。其中，身体消费所占比例从0%至100%不等，平均为17%。从消费观念上看，26.6%的受访者有使用信用卡消费的习惯；一半以上的受访者认为自己除了生活必需品，从不轻易购买其他东西；72.2%的受访者每个月都会将一部分收入存起来。由此可见，新生代农民工虽然已不像老一代农民工那样在城市省吃俭用，但他们也并非毫无节制地进行消费。大部分新生代农民工每个月都有不同程度的结余。

从消费文化上看，59.3%的受访者认同随着消费水平的提高，自己更能和周边的同事、朋友玩到一起。由此可见，新生代农民工意识到消费在一定程度上能够促进融合，同时他们中的大多数也是这样实践的。30%

的受访者认同自己的同事、朋友圈中存在消费攀比现象。在问及是否愿意在目前所在的城市永久定居时，57.7%的受访者明确表示愿意，42.3%的受访者表示不愿意。

第三节 个体特征对消费的影响

一、个体特征对消费支出水平的影响

对消费支出水平进行最小二乘法（OLS）多元回归分析（见表 3 - 3），从 F 统计量来看，整体模型是显著的。从回归模型中所得的标准化回归系数可以看出，在个体特征中，文化程度、婚姻状况、工作行业、月均收入、日均工作时间均对消费支出水平有显著影响。文化程度对新生代农民工的消费支出水平有正向显著影响（$\beta=83.806$，$P<0.01$），即受教育程度越高，消费支出水平越高。与未婚无恋爱对象的新生代农民工相比，未婚有恋爱对象的消费支出更高（$\beta=105.685$，$P<0.10$），已婚的消费支出更低（$\beta=-154.739$，$P<0.10$），可见个人消费支出最低的是已婚者，其次是未婚无恋爱对象者，最后是未婚有恋爱对象者。与从事制造业农民工的相比，从事技术性服务业的和非正规就业的农民工的消费支出要高很多。月均收入水平与消费支出成正比（$\beta=0.103$，$P<0.01$）。

表 3 - 3 模型一：个体特征对新生代农民工消费支出水平影响的多元回归模型（$n=1\,207$）

变　量	回 归 系 数	标准回归系数
常量	792.480***	
年龄	6.605	0.028

续 表

变　量	回 归 系 数	标准回归系数
性别(参照组：女)	−22.290	−0.011
文化程度	83.806***	0.134
婚姻(参照组：未婚无恋爱对象)		
未婚有恋爱对象	105.685*	0.044
已婚	−154.739*	−0.072
子女数	−53.389	−0.034
入城年限	−1.317	−0.006
工作行业(参照组：制造业)		
建筑业	83.527	0.023
一般服务业	79.075	0.029
技术性服务业	228.355***	0.086
非正规就业	366.997***	0.151
月均收入	0.103***	0.363
日均工作时间	−36.328***	−0.077
F	21.471***	
调整后 R^2	0.187	

注：显著度水平为*** $P<0.01$、** $P<0.05$、* $P<0.10$。

也就是说，月均收入每增加 1 元，消费支出就增加 0.103 元；日均工作时间与消费支出成反比（$\beta=-36.328$，$P<0.01$），工作时间每增加 1 小时，消费支出就会减少 36.328 元。换言之，日均工作时间越长意味着闲暇时间越少，消费支出越少。从总体上看，在消费水平方面，个体特征自变量影响力由大到小依次为月均收入、工作行业、文化程度、日均工作

时间、婚姻状况。该回归模型调整后，R^2 为 0.187，表明用这些变量来预测新生代农民工的消费支出水平能消减 18.7%的误差，有一定的综合解释力。

二、消费支出结构

消费支出结构是指某项消费支出占总消费支出的比例。在本书中，我们着重了解新生代农民工用于身体的消费支出占总消费支出的比重，以理解他们的价值取向和生活安排。对消费支出结构进行最小二乘法(OLS)多元回归分析(见表 3-4)，从 F 统计量来看，整体模型是显著的。从回归模型中所得的回归系数可以看出，在个体特征中，年龄、性别、文化程度、婚姻状况、工作行业、日均工作时间均对消费支出结构有显著影响：随着年龄的增长，新生代农民工身体消费支出的比例减小($\beta=-0.003$, $P<0.05$)；与女性相比，男性的身体消费支出比例更小($\beta=-0.091$, $P<0.01$)；文化程度与新生代农民工的身体消费支出比例呈负相关($\beta=-0.006$, $P<0.10$)，原因可能是文化程度越高的受访者收入越高，身体消费支出的比例增长幅度不及收入。

表 3-4 模型二：个体特征对新生代农民工消费支出结构影响的多元回归模型(n=1 207)

变 量	回 归 系 数	标准回归系数
常量	0.284***	
年龄	−0.003**	−0.084
性别(参照组：女)	−0.091***	−0.261
文化程度	−0.006*	−0.058

续 表

变　量	回归系数	标准回归系数
婚姻(参照组：未婚无恋爱对象)		
未婚有恋爱对象	0.024**	0.060
已婚	−0.021	−0.059
子女数	−0.007	−0.028
入城年限	0.001	0.017
工作行业(参照组：制造业)		
建筑业	−0.005	−0.009
一般服务业	0.025*	0.056
技术性服务业	−0.032**	−0.074
非正规就业	−0.017	−0.043
月均收入	1.599E−6	0.034
日均工作时间	0.007***	0.086
F	9.417***	
调整后 R^2	0.087	

注：显著度水平为*** $P<0.01$、** $P<0.05$、* $P<0.10$。

与未婚无恋爱对象的新生代农民工相比，未婚有恋爱对象的新生代农民工的身体消费支出比例更高($\beta=0.024$，$P<0.05$)。与从事制造业的相比，从事一般服务业的新生代农民工的身体消费支出比例更高($\beta=0.025$，$P<0.10$)，从事技术性服务业的身体消费比例更低($\beta=0.025$，$P<0.10$)，原因可能是从事一般服务业的收入与从事制造业的收入相差不大。服务业对职工的外貌形象要求更高，使他们的身体消费支出比例

更高。从事技术性服务业的新生代农民工的收入比从事制造业的新生代农民工的收入要高得多，虽然从事技术性服务业的新生代农民工的身体消费支出更多，但身体消费支出占总支出的比例的增长幅度不及他们收入的增长幅度。这在一定程度上说明了月均收入与身体消费比例的关系不是线性关系，更可能是"倒U"型的关系，即随着收入增加，身体消费比例提高，当收入达到一定数额时，身体消费比例反而下降了。

日均工作时间与身体消费支出比例成正比($\beta=0.007$，$P<0.01$)，工作时间每增加1小时，身体消费支出比例就会增加0.7%。换言之，每天工作时间越长，意味着闲暇时间越少，但身体消费支出比重越高，原因可能是工作时间长且辛苦，新生代农民工会在更少的闲暇时间里，通过更多的身体消费来犒劳自己。从总体上看，在消费结构(身体消费占比)方面，个体特征自变量影响力由大到小依次为性别、日均工作时间、年龄、工作行业、婚姻状况、文化程度。该回归模型调整后，R^2 为0.087，表明用这些变量来预测新生代农民工的身体消费支出比例能消减8.7%的误差，有一定的解释力。

三、消费观念

根据表3-5中"信用卡消费"的分析可知，在个体特征中，文化程度、婚姻状况、子女数、工作行业、月均收入与是否使用信用卡消费有显著的关系，具体情况为：文化程度越高，使用信用卡消费的概率也就越大，且在 $P<0.01$ 的显著性水平上，每提高1个层次的文化水平，使用信用卡消费的概率将是原来的1.344倍；未婚有恋爱对象的受访者使用信用卡消费的概率是未婚无恋爱对象的1.383倍；拥有的子女数越多，使用信用卡消费的概率就越小，且在 $P<0.05$ 的显著性水平上，每增加1个子女，使用信用卡消费的概率就会降低35%；从事建筑业、一般服务业和非正规就业

者使用信用卡消费的概率分别是从事制造业者的52.0%、65.7%和46.3%;月均收入与使用信用卡消费的概率呈正相关,但收入每增加1元,使用信用卡消费的概率增长的数值较小。

表3-5 个体特征对新生代农民工消费观念影响的Logistic回归模型(n=1 207)

变量	模型三 信用卡消费 (0=没有)		模型四 不购买非必需品 (0=不符合)		模型五 每月有存款 (0=不符合)	
	B	Exp(B)	B	Exp(B)	B	Exp(B)
常量	−3.351***	0.035	−1.576***	0.207	−0.441	0.643
年龄	0.034	1.035	0.065***	1.067	0.052***	1.054
性别(0=女)	−0.069	0.933	0.442***	1.556	0.055	1.057
文化程度	0.296***	1.344	−0.050	0.952	−0.018	0.982
婚姻(0=未婚无恋爱对象)						
未婚有恋爱对象	0.325**	1.383	−0.178	0.837	0.147	1.158
已婚	0.206	1.229	−0.144	0.866	0.852***	2.344
子女数	−0.426**	0.653	0.464***	1.591	−0.030	0.970
入城年限	0.022	1.022	−0.030**	0.970	−0.032**	0.969
工作行业(0=制造业)						
建筑业	−0.655**	0.520	0.264	1.302	−0.320	0.726
一般服务业	−0.420**	0.657	0.115	1.122	−0.411**	0.663
技术性服务业	−0.092	0.912	−0.160	0.852	−0.359*	0.699

续 表

变 量	模型三 信用卡消费 （0=没有）		模型四 不购买非必需品 （0=不符合）		模型五 每月有存款 （0=不符合）	
	B	Exp(B)	B	Exp(B)	B	Exp(B)
非正规就业	−0.769***	0.463	0.138	1.148	−0.123	0.884
月均收入	0***	1.000	0.000***	1.000	0*	1.000
日均工作时间	−0.002	0.998	0.058**	1.059	0.001	1.001
似然估计值（−2 LL）	1 218.590		1 495.678		1 293.768	
卡方检验（Chi-square）	125.956***		105.192***		76.585***	
Nagelkerke R^2	0.150		0.116		0.092	

注：显著度水平为 *** $P<0.01$，** $P<0.05$，* $P<0.10$。

从表 3－5“不购买非必需品”的分析可知，在个体特征中，年龄、性别、子女数、入城年限、月均收入、日均工作时间与是否符合不购买非必需品有显著的关系，具体情况为：年龄越大，不购买非必需品的概率也就越大，且在 $P<0.01$ 的显著性水平上，年龄每增加 1 岁，不购买非必需品的概率将是原来的 1.067 倍；男性受访者不购买非必需品的概率是女性的 1.556 倍；拥有的子女数越多，不购买非必需品的概率就越大，且在 $P<0.01$ 的显著性水平上，每增加 1 个子女，不购买非必需品的概率就会增加 59.1%；入城年限越长，不购买非必需品的概率就越小，且在 $P<0.05$ 的显著性水平上，入城年限每增加 1 年，不购买非必需品的概率就会减少 3%，即入城年限越长，消费观念会有所改变；月均收入与不购买非必需品的概率呈正相关，但收入每增加 1 元，不购买非必需品的概率增长的数

值较小；日均工作时间越长，不购买非必需品的概率就越大，在 $P<0.05$ 的显著性水平上，日均工作时间每增加 1 小时，不购买非必需品的概率就会增加 5.9%。

从表 3-5“每月有存款”的分析可知，在个体特征中，年龄、婚姻状况、入城年限、工作行业、月均收入与是否符合每月有存款具有显著的关系，具体情况为：年龄越大，每月有存款的概率也就越大，且在 $P<0.01$ 的显著性水平上，年龄每增加 1 岁，每月有存款的概率将是原来的 1.054 倍；已婚的受访者每月有存款的概率是未婚无恋爱对象的 2.344 倍；入城年限越长，每月有存款的概率就越小，且在 $P<0.05$ 的显著性水平上，入城年限每增加 1 年，每月有存款的概率就会减少 3.1%，即入城年限越长，消费观念也会变化；从事一般服务业和技术性服务业的受访者每月有存款的概率是从事制造业的受访者的 66.3%和 69.9%；月均收入与每月有存款的概率呈正相关，但收入每增加 1 元，每月有存款的概率增长的数值较小。

四、消费文化

从表 3-6“消费攀比”的分析结果来看，在个体特征中，年龄、文化程度、婚姻状况、工作行业、日均工作时间与是否存在消费攀比有显著的关系，具体情况为：年龄越大，消费攀比的概率就越大，且在 $P<0.1$ 的显著性水平上，年龄每增加 1 岁，消费攀比的概率将是原来的 1.028 倍；文化程度越高，消费攀比的概率就越高，且在 $P<0.1$ 的显著性水平上，每提高 1 个层次的文化水平，消费攀比的概率将是原来的 1.071 倍；未婚有恋爱对象的受访者消费攀比的概率是未婚无恋爱对象的 1.451 倍；从事建筑业、一般服务业的受访者和非正规就业者消费攀比的概率分别是从事制造业者的 52.7%、74.1%和 73.9%；日均工作时间越长，消费攀比的概率

就越高，在 $P<0.01$ 的显著性水平上，日均工作时间每增加 1 小时，消费攀比的概率就会增加 8.2%。

表 3－6　个体特征对新生代农民工消费文化影响的 Logistic 回归模型（$n=1\ 207$）

变　量	模型六 消费攀比 （0＝不符合）		模型七 消费交往融合 （0＝不符合）	
	B	Exp(B)	B	Exp(B)
常量	－2.537***	0.079	0.036	1.037
年龄	0.028*	1.028	－0.003	0.997
性别（0＝女）	0.016	1.017	0.045	1.047
文化程度	0.069*	1.071	0.033	1.033
婚姻（0＝未婚无恋爱对象）				
未婚有恋爱对象	0.372**	1.451	－0.021	0.979
已婚	－0.007	0.993	－0.040	0.961
子女数	－0.086	0.917	－0.229*	0.795
入城年限	0.002	1.002	0.016	1.016
工作行业（0＝制造业）				
建筑业	－0.640***	0.527	－0.193	0.824
一般服务业	－0.300*	0.741	0.048	1.049
技术性服务业	－0.028	0.973	－0.023	0.977
非正规就业	－0.302*	0.739	－0.079	0.924

续 表

变 量	模型六 消费攀比 （0=不符合）		模型七 消费交往融合 （0=不符合）	
	B	Exp(B)	B	Exp(B)
月均收入	0	1.000	0***	1.000
日均工作时间	0.079***	1.082	−0.005	0.995
似然估计值	1 395.765		1 546.073	
卡方检验	25.275**		27.694***	
Nagelkerke R^2	0.030		0.032	

注：显著度水平为*** $P<0.01$、** $P<0.05$、* $P<0.10$。

从表 3－6“消费交往融合”的分析结果来看，在个体特征中，仅有子女数、月均收入与是否符合消费交往融合有显著的关系，具体情况为：拥有的子女数越多，消费交往融合的概率就越小，且在 $P<0.1$ 的显著性水平上，每增加 1 个子女，消费交往融合的概率就会减少 20.5％；月均收入与消费交往融合的概率呈正相关，但收入每增加 1 元，消费交往融合的概率增长的数值较小。

第四节 消费对留城意愿的影响

表 3－7 里的模型八为个体特征对留城意愿的影响，模型九为加入个体特征控制变量后，消费状况对留城意愿的影响。从两个模型的似然估计值和卡方检验结果来看，两个模型都是成立的。

表 3-7 消费对新生代农民工留城意愿影响的 Logistic 回归模型($n=1\ 207$)

变量	模型八 留城意愿(一) (0=不愿意)		模型九 留城意愿(二) (0=不愿意)	
	B	Exp(B)	B	Exp(B)
常量	−0.783	0.457	−0.965*	0.381
年龄	0.004	1.004	0.001	1.001
性别(0=女)	−0.361***	0.697	−0.343***	0.710
文化程度	0.146***	1.157	0.118***	1.125
婚姻(0=未婚无恋爱对象)				
未婚有恋爱对象	0.139	1.149	0.102	1.108
已婚	0.297	1.346	0.316	1.372
子女数	−0.358**	0.699	−0.311**	0.733
入城年限	0.119***	1.126	0.116***	1.123
工作行业(0=制造业)				
建筑业	−0.132	0.877	−0.073	0.929
一般服务业	−0.127	0.881	−0.094	0.911
技术性服务业	0.516***	1.676	0.517***	1.677
非正规就业	0.208	1.231	0.251	1.286
月均收入	0**	1.000	0	1.000
日均工作时间	−0.027	0.973	−0.026	0.974
消费支出水平	0.000		1.000	

续 表

变　量	模型八 留城意愿(一) (0=不愿意)		模型九 留城意愿(二) (0=不愿意)	
	B	Exp(B)	B	Exp(B)
消费结构-身体消费比例	0.135		1.144	
消费观念-信用卡消费	0.393***		1.481	
消费观念-不购买非必需东西	−0.055		0.946	
消费观念-每月有存款	0.034		1.035	
消费文化-消费攀比	0.071		1.074	
消费文化-消费交往融合	0.252**		1.287	
似然估计值	1 459.680		1 444.476	
卡方检验	114.102***		129.307***	
Nagelkerke R^2	0.126		0.142	

注：显著度水平为*** $P<0.01$、** $P<0.05$、* $P<0.10$。

从表3－7中模型八的结果来看，在个体特征中，性别、文化程度、子女数、入城年限、工作行业、月均收入与是否愿意留城有显著的关系，具体情况为：男性受访者愿意留城的概率比女性少30.3%；文化程度越高，愿意留城的概率就越大，且在$P<0.01$的显著性水平上，每提高1个层次的文化水平，愿意留城的概率将是原来的1.157倍；拥有的子女数越多，愿意留城的概率就越小，且在$P<0.05$的显著性水平上，每增加1个子女，愿

意留城的概率就会减少 30.1%；入城年限越长，愿意留城的概率就越大，且在 $P<0.01$ 的显著性水平上，入城年限每增加 1 年，愿意留城的概率就会增加 12.6%，即入城年限越长，越愿意留城；从事技术性服务业的农民工愿意留城的概率是从事制造业的农民工的 1.676 倍；月均收入与留城意愿的概率呈正相关，但收入每增加 1 元，愿意留城的概率增长的数值较小。

从表 3－7 中模型九的结果来看，在控制了个体特征变量后，只有消费观念（信用卡消费）和消费文化（消费交往融合）对新生代农民工的留城意愿具有显著影响。使用信用卡消费的受访者比没有使用信用卡消费的受访者留城意愿更高，即使用信用卡消费的受访者的留城意愿比例是没有使用信用卡消费的 1.481 倍；通过消费促进交往融合的受访者的留城意愿是没有通过消费促进交往融合的 1.287 倍。这与之前的研究发现有相似之处，即都发现了新生代农民工努力在城市消费，以实现身份认同并融入城市（唐有财，2009）。

此外，加入消费状况以后，个体特征对留城意愿的影响变化不大，有显著影响的变量仍然是性别、文化程度、子女数、入城年限、工作行业，但整个模型的解释力提高了。

第五节　统 计 结 果

上述统计发现：一方面，新生代农民工有较强的消费欲望；另一方面，他们又会尽量克制自己的消费欲望，把更多的钱存起来。他们大多有强烈的留城意愿，并通过具体的消费实践不断适应城市生活。具体的情况是，月均收入越高，文化水平越高，闲暇时间越多，且未婚有恋爱对象，以及从事技术性服务业和非正规就业的新生代农民工的消费支出水平越高。这在一定程度上验证了消费的收入决定论、闲暇时间效应论、生命周期决定论，以及消费的行业差异。年龄越小，文化程度越低，闲暇时间越少，且女性未婚有恋爱对象，以及从事一般服务业的身体消费支出比例越高。

值得说明的是，新生代农民工身体消费支出比例的大小不仅与消费支出的绝对数额有关，还与个体的消费支出总额有关。这一结果可能是因为年龄越小，生活经济压力就越小，消费的自主性更强，也更注重自身的形象；闲暇时间越少，消费支出比重却越高，其原因可能是工作时间长且辛苦，新生代农民工会在更少的闲暇时间里，通过更多的消费来犒劳自己；未婚有恋爱对象且从事一般服务业的女性比无恋爱对象且从事其他行业的男性更注重对自我形象的修饰。未婚有恋爱对象且子女越少、文化程度越高、收入越高者，使用信用卡消费的比例就越高，原因可能是这些群体的消费观念更开放，能够接受与传统不同的消费形式。

年龄越小、入城年限越长、子女数越少、闲暇时间越多的女性，不购买非必需品的概率就越小，她们更会消费，原因可能是这些群体更追求城市生活型的消费观念；年龄越大、已婚、入城年限越短、从事制造业且收入较高者，每月存款概率较大，原因可能是这些群体相对更追求经济型的消费观念；年龄越大、文化程度越高、未婚有恋爱对象、从事制造业和工作时间越长者，感受到消费攀比文化的概率越大，原因可能是这些群体受到工作空间、时间和社交圈子的消费文化影响更大；子女数越少、收入越高的群体消费交往融合的概率越大，原因可能是子女数越少，收入越高者的经济基础越好，消费能力更强，能够参与到更丰富的消费活动之中，这有助于社会融合。

第四章　身体实践的行为呈现与现实图景

本章主要根据对新生代农民工的访谈,对他们在面部、服饰、形体塑造、养生、美容等方面的身体消费实践进行深入研究。随着互联网的迅猛发展,手机、平板电脑等电子产品的消费也成为新生代农民工身体消费实践的重要媒介。本章将分析这一群体在其中的选择偏好与行为倾向,以呈现他们身体消费实践的现实图景。

第一节　面部保养:个人身体的视觉标识

一、护肤、化妆:形象的维护与改变

在身体消费实践方面,更多新生代农民工首先进行护肤、化妆,以维护和改变他们最为直观的外在形象。一般认为,化妆品是指以涂抹、喷、洒或其他类似方法,施于人体(皮肤等),以达到清洁、保养、美化、修饰和

改变外观，或者修正人体气味，保持良好状态为目的的产品。按照用途化妆品主要分为肤用、发用、美容和特殊功能四类。通过化妆，新生代农民工可以有效改善和维护他们的外在形象，从而符合社会和他人的期待。他们在这方面投入了大量的时间、金钱和精力，使自己更加美丽、自信，更加符合城市文化的身体特征。

> 我一开始用几十元的（化妆品），后来变为 500～1 000 元。出了学校后，没人教我化妆，只能看着别人化妆，慢慢我就会了。我认为形象既是出于对别人的一种尊重，也是对自己的尊重，所以我出门前都会简单打扮一下自己。（访谈编号：ZG－F－01）
>
> 我以前对这方面不太注意，后来被朋友说过好几次，说我经常油光满面的，给人不清爽、不整洁、没精神的感觉。后来，我便经常按说明使用洁面膏、爽肤水这些（产品）。这样的话，既能使自己舒服，也能给别人留下一个好印象。面膜、精华液这些（使用起来）太麻烦，我基本不用，天天上班没那么多时间。（访谈编号：HML－F－02）

随着经济的不断发展，人们的物质生活越来越多样化，美丽经济的蓬勃发展迎合了人们对美化自身的需求。新生代农民工的消费观念也随着物质生活水平的提高而发生了相应的变化，化妆品逐渐成为他们的必需品，越来越成为其修饰自己形象必不可少的物品。无论是男性还是女性，无论是工作对形象有要求还是没有要求，新生代农民工都会选择适合自己、能够使自己变得更加完美的化妆品。他们在这种消费中逐渐获得对自我身份、认同上的改变。

二、美容：容貌的塑造方式

一般认为，美容是通过一种或多种手段或方式，如化妆、药物、医疗手段、食疗、运动等，使人的容貌或形体变得更美的一种技术。在此基础上，本书提及的美容则主要指人们进入美容院、美容中心等美容机构，接受皮肤护理、祛皱抗衰老、按摩等服务的消费行为。人们尽量要求把自己打扮得更漂亮、更健美。由此，美容店、美容院、美容中心犹如雨后春笋般出现在大街小巷。过去，人们普遍认为美容是一种体验式消费，是很多人让自己变美的一种方式，而且去美容院消费的人群主要以40～50岁阶段的女性群体为主。此年龄阶段的女性去美容院享受专业的服务，让自己变得更年轻，甚至成为她们日常生活的一部分。但如今却发生了很大的变化。据报道，近年来，年轻人成为美容消费的主力军。进出美容院的年轻女性逐渐增多。与过去相比，为何去美容院的女性群体越来越趋于年轻化？可能和其收入增长、消费观念的转变有一定的关系。

随着新生代农民工收入的增加，以及消费观念的转变，他们进行美容消费的频率也越来越高。特别是女性农民工，出于对美的追求，她们每月会把美容消费作为一项必要开支，到美容院接受皮肤护理、祛皱抗衰老、文眉、按摩等服务。

我工作也有六七年了，去年到了上海，就觉得这是人生一个新阶段的开启，想让自己以焕然一新的面貌去迎接。最重大的事情就是割了双眼皮吧。其实三年前我就有这个想法了，因为眼睑有点下垂，还是肿泡眼，贴双眼皮也很不自然。毕竟脸长在自己身上，觉得哪儿不满意，心里肯定想改变，不然总觉得很自卑。我在恢复期还没消肿的时候就有点后悔，觉得丑炸了，担心会一直这样恢复不了怎么办。我对恢复后的效果还算满意，朋友都说很自然，我自己也感觉眼睛更好看、更有神了。（访谈编号：AF－F－03）

我之前跟男朋友分手后，做过激光祛痘印手术。因为情绪特别不好，我就想做点什么转换一下心情。照镜子的时候看到脸上的痘印、痘坑觉得特不舒服，我就拉着朋友去看医院的皮肤科。医生让我做点阵激光治疗。做的时候脸上火辣辣地疼，治疗结束后，脸上特别恐怖，又红又肿，我都不敢出门见人，一放假就窝在宿舍，出门戴口罩，隔了很久才恢复。那段时间我经常上网，发现做过点阵激光治疗的人跟我的情况都差不多，心里也宽慰了不少。好在最后终于恢复正常了，皮肤也变好了不少。（访谈编号：BH－F－04）

虽然与城市中高收入的女性不同，女性农民工会选择规模较小、消费水平相对较低的美容院进行消费，但是她们也注重美容安全、效果，而不是只考虑价格因素。影响女性农民工进行美容消费的因素主要有个人、环境、传媒、市场等。具体而言，个人因素主要指新生代农民工收入普遍增加，消费能力普遍提升，女性农民工个人对“美”有了更高的追求，对美容的认知水平和价值取向也发生了一定的变化。与老一代农民工“量入为出”的消费观念不同，新生代农民工对美容消费有更高的价值认同和积极性。环境因素主要指朋友、同辈群体对女性农民工消费的影响。传媒因素主要是社会上广告宣传的影响，这是当今社会影响人类行为选择最为便捷的方式之一。市场因素主要指市场提供的美容产品的质量、效果、价位越来越被女性农民工接受，使她们进行美容消费的频率越来越高。

第二节　服饰消费：自我展示与认同的符码

一、服装：社会身体的直接显现

服装的基本功能是遮体与御寒，但随着经济和社会发展，它也逐渐演变成一种文化，成为个体或群体表达个性、展示身份的象征与符号。应该说，在所有的身体消费实践中，服装消费是女性农民工最关注的身体消费形式，多数被访女性农民工均表示在自身的实际消费中，除了日常开支，服装消费是开支最大的消费。从比例上看，她们在服装上的消费占据每月花费的大半数额，同时她们比较注重服装的款式和流行程度，对品牌服装的热衷程度也比较高。

年轻人就是不像中年人，要会打扮一些。（我）之前就是和自己的同学（比如，和自己合租的那个同学，她在这里待的时间比较久）、好朋友一起买衣服。我买衣服不追求牌子，更喜欢衣服的款式，适合自己就行。上班之后就不一样了，因为接触的环境不一样，慢慢就会和身边的人一样，有时候看旁边做工的女孩穿一件很好看的衣服，自己就会想买。有时候看到才买的衣服很土，我就不穿了。（访谈编号：CHD－F－05）

我刚来的时候还穿着高中校服呢，买衣服的话，在比较便宜的批发市场买。现在就好多了，不那么“学生气”了。

我感觉现在女孩都爱买衣服，我差不多每周都买衣服。我买衣服不太会在意潮流不潮流，只要好看我就会买。父辈们不爱花钱，（他们）喜欢买适合自己的那种，所以（与我们的消费观念）差异很大，

对于一些东西有没有必要购买存有很大的分歧。(访谈编号:DT-F-06)

从这些访谈中可以发现,新生代农民工在服装消费方面的选择意愿更强,他们更加注重服装的款式,在购买地点上也更愿意选择步行街等地方的专卖店或大型商场。这显示出了新生代农民工与老一代不一样的价值观和消费观。而且,在从学生到职员的转变中,伴随着身份转变的是他们的消费选择和消费行为更加追求时尚性。

二、配饰:自我风格与气质的仪表

在社会发展的进程中,人们美化自身的需求不断提高,与服装相搭配的配饰越来越成为必不可少的一部分,服装配饰逐渐演变成为服装外在呈现的一种延伸。例如,耳饰、帽子、围巾、墨镜、项链、手提包等配饰可以完美体现佩戴者的仪表形象,进而映射其不同的性格与内心世界。新生代农民工,特别是女性农民工对包、鞋、首饰等配饰有着极大的兴趣,大多能够意识到配饰的重要作用,并且愿意每月支出一部分固定开支用于配饰消费。

(我)现在还在用四年前买的某品牌的背包,舍不得丢。不过因为有点旧了,赶上商家做活动,我就在该品牌的网店淘了一个包。这个牌子是出去玩的时候看到的,店面装修超级高大上,感觉很不错,包包款式也多。这次活动,我看到那么便宜(400多元),就果断下手了。(这个品牌的)包包非常高大上,包扣是自动的,针线做工都很好,怎么看都高级。我感觉买品牌的东西,连包装都很尊重人,有种背很多年都不会坏的感觉。(访谈编号:YMY-F-07)

> 女朋友一直很喜欢这样的手链，她过生日时，（我）给她买了一条，红色的，珠子很光滑，有点透亮的感觉，正好符合她的风格。手链各方面的做工也不错。打开（包装盒）的时候，她开心得不得了，一跳一跳的，20 岁的人了还像个孩子一样，说看着有点档次。（访谈编号：DJ－M－08）

如今，购买服装、配饰已经成为一种流行趋势，被越来越多的人推崇，大街上形形色色的服装、配饰随处可见。作为具有鲜明代际特征的群体，新生代农民工也越来越热衷于通过配饰消费来展现自己的风格和形象、彰显个人品位，以突出个性和审美取向。正如上面两位访谈对象对包包、手链的消费观，这些配饰既具有使用价值，又能彰显其个人风格和气质。

第三节　形体塑造：理想身体的追求

一、锻炼与健身：新的消费时尚

随着经济的发展，人们在物质生活极大丰富的同时，思想观念也发生了相应转变，强身健体的理念日益深入人心，健身成为当下大多数人的首选。人们在健身、休闲上的投入越来越多。从更大的范围来看，健身也属于群众性体育运动的范畴，通过减肥增肌、形体塑造、康复保健等形式，不断提升身体素质、提高健康水平。在实际生活中，新生代农民工的健身方式有很多种类型，如自己或约同伴一起，通过定期跑步或到健身房锻炼等方式达成健身目标。课题组在访谈中发现，虽然新生代农民工都反映工作时间较长、空余时间较少，但锻炼、健身是其在闲暇时进行的一项主要的例行活动。其动机可以从内部和外部两个方面进行分析：一方面，周期性的锻炼与健身不仅有利于强身健体，还能缓解压力、舒缓心情；另一方面，新生代农民工受到了当下新闻媒体和同辈群体示范效应的影响。

我觉得现在的年轻人把更多的钱都用在服装、美容美发和瘦身上面很正常，只要不过度就好了。我和几个朋友平时上班基本坐着，肚子慢慢变大，有点发福。不过，我们不去专业的健身房，因为比较贵而且也没那个必要。我们经常吃完饭就会去旁边的大学里面跑跑步，或者拉拉高低杠。我还买了一对哑铃放在家里，可以自己调节重量，这省了好多事情。卖哑铃的商家还给我送了一本健身图册。我要坚持使用(哑铃)，运动可以使人忘记烦恼，可以让我有一个健康的体魄，增强抵抗力和免疫力，也让我有一个舒服的心情。（访谈编号：FSJ-M-09)

新生代农民工时常采用各种方式进行身体锻炼，这在一定程度上也表明了他们在心理、认知方面的转变。作为现实意义上的城市产业工人，他们不但从空间上移居到城市，而且在价值观、生活方式、社会心理、消费方式等方面也具有城市化和高度的再社会化的特点。因而，他们时常通过锻炼和健身来打造理想的身体形象，这既锻炼了外在形象方面的身体，也使社会性的身体更加符合城市社会的主流文化与价值观念。需要注意的是，在当今数字时代，锻炼和健身也出现了转型，体现了新的规训与区分的逻辑。相关研究表明，以移动互联网技术为支撑的健身软件在人们的日常锻炼与健身活动中越来越常见，这在把健身者从健身房这个固定的空间解放出来的同时，也将规训的空间延伸到了其私人生活领域。人们通过在健身软件上进行记录、打卡和分享，形成了一种区别于福柯提出的规训权力之外的"自我规训"技术，从而把微观权力转变为一种日常分布（唐军、谢子龙，2019）。

二、饮食与理疗：日常生活中的身体规划

在身体塑造上，当西方理论在谈论生物科技、整形美容等技术手段时，中国社会在关注另一种身体塑造的形式——养生，即通过饮食与理疗等手段，调养身体、预防疾病和延年益寿。有研究表明，新生代农民工和其他年轻群体一样，正处在一种"朋克养生"的矛盾状态：他们一方面拼命熬夜、饮食不健康、作息混乱，另一方面又疯狂追求养生等各种补救方法。这甚至成为一种"青年亚文化"，是他们将抵抗与妥协的文化斗争运用在真实世界的直接反映（胡良益等，2019）。在日常生活中，随着收入的增加，新生代农民工也会支出一部分钱用于养生消费。他们的养生方式主要包括饮食养生和中西式理疗两种。通过访谈发现，新生代农民工在饮食养生方面的消费主要包括食用有机食品、服用保健品、用药材滋补、吃素食等。在他们的日常饮食之外，各种维生素丸、补药、螺旋藻等营养品也成为多数人必备的消费品。

> 我现在慢慢对吃的比较注意，也不是说纯吃素，是之前看到别人在朋友圈发的一条消息很有意思。消息提到：黄色的西红柿含更多胡萝卜素，可防止皮肤干燥、粗糙。芦笋、葡萄最护心：芦笋能降低血脂浓度，软化血管，大大降低患心脏病的风险，吃芦笋不仅能保护心脏，还能摄入足量的钾元素……我也不会完全按照这样说的吃，也做不到。不过，我还是会在有空的时候，有意识地照着吃一两样。身体是自己的，工作这么辛苦，不能亏待自己。（访谈编号：LFC－F－10）

中西式理疗主要包括推拿、针灸、拔罐、桑拿、足疗、瑜伽、SPA等。与其他城市群体不同的是,受到收入水平和消费观念的影响,新生代农民工群体的理疗方式主要是针灸、拔罐、推拿等。

> 平时太累的时候,我经常做真空拔罐。这个罐子设计得比较好,大大小小一盒子,卖家送了刮痧板和刮痧精油,吸力强、效果也明显。不同的罐子用处不同,自己想拔哪里就拔哪里,很方便。受凉后,拔罐效果好又无副作用。(访谈编号:FDS－F－11)

应该看到,新生代农民工热衷于健身、养生等,也和近年来青年群体的身体处于亚健康状态有关。当这种身体状况与我国传统中"治未病"的理念相遇时,就会激发人们的锻炼欲望和养生动机。这使当下的青年人越来越关注自身健康状况,也愿意在自身健康方面投入更多的精力、财力。当然,后结构主义则将健身和养生看作一种符号,对这种符号的追求和占有体现了人们的个性、品位和生活风格等符号象征。

第四节　整形美容:选择性的身体技术

一、微整形:定制化的身体改造

随着医疗技术的发展,整形美容逐渐被更多的人接受并日益火爆。整形美容广告不仅随处可见,而且还形成了"整形美容经济"。在21世纪初,就有研究表明,"整形美容经济"已经成为我国继房地产、汽车、电子通信、旅游之后,中国居民的"第五大消费热点"(张晓梅,2005:15)。需要说明的是,本书所探讨的整容不同于整复外科或整形外科,即不是针对皮肤、肌肉、骨骼等形成的创伤或先天性组织器官缺陷,以及后天由于烧伤、车祸等外力破坏所进行的修复与再造,而是指商业化的整形美容,即通过外科手术和其他医疗手段,根据手术者的需求,在其正常、健康的面貌和身体上进行改造与重塑,从而达到让他更满意的效果。这种整形美容主要包括动刀和注射微调两种形式(樊嘉宁,2017:7)。

据我所知,现在整形美容很普遍,到处都能看到整容广告。我认识的好多人都或多或少地做过,大多是微整形。我现在的双眼皮就是朋友介绍的微整形项目,她之前在那里做过,效果不错。我同时割了双眼皮、开了眼角,前期检查加上后期护理,总共花了6 000多块钱。这些钱是我省吃俭用攒出来的,不好意思跟家里说。我身边的其他朋友也有做的,像瘦脸、垫鼻子,注射美白针、溶脂针等。还是很方便的,对工作、生活基本没有什么影响。(访谈编号:CMZ-F-12)

越来越多的青年群体选择整形美容,通过改变“外在的身体”塑造全新的自我。医疗技术的发展与进步,使人们通过微整形就可达到身体改造的目标。需要注意的是,整形美容所反映的是技术化的身体或“技术身体”,而非“身体技术”。“身体技术”是“不使用工具的技术领域”,人类通过传统的方式知道了怎样使用他们的身体(莫斯、涂尔干、于贝尔,2010:78-79)。换言之,“身体技术”是人们在掌握外在的工具、技术之前已经拥有的一整套身体使用方法与策略。这种身体使用方式由一整套身体运动或形式组成,主要通过社会化过程训练和习得。整形美容所代表的则是外在的医疗技术对身体的塑造和改变,通过对身体部位进行定制化重塑,形成技术化的身体。尤其是在数字社会转型的背景下,这种技术涉及的场域更多，也更加普遍。

二、"完美"身体：自我满足与荣耀

虽然许多选择整形美容者都声称是为了美丽而来，但是他们对美的认知、要求，以及想变美的动机与诉求则是多样化的。总体来看，新生代农民工进行整形美容的动机主要包括以下几种类型：

第一种是通过整形美容来寻求自信。这一类型者在性格上往往较为敏感，他们想变美的欲望非常强烈。他们中的部分因容貌，在生活、社会交往中遭遇过一定的区别对待乃至不公，从而产生了改变身体的动力，想通过改变自身原本样貌重新获得认可，进而重拾生活信心。

> 我喜欢韩流，尤其喜欢少女时代的林允儿，（她）长得很漂亮，是我的偶像。除了喜欢听她唱的歌，我还总是去微博上搜一些和她相关的舞蹈视频，看她拍的每一部电视剧。我想通过微整形和她的容貌有点像。林允儿的鼻梁很高，有一种立体的美感，但我的鼻梁稍微有点低。在和家人协商之后，我就抱着试试看的态度，先小修小补看看效果，所以做了隆鼻手术。（访谈编号：SJH－F－13）

第二种是追求更高标准的身体美。这部分进行整容消费的新生代农民工并不存在对自己原有样貌的过度否定，也没有遭遇严重的社交危机，更没有从事那些需要"靠脸吃饭"的行业。但他们很注重外在形象。他们之所以选择整形美容，是因为看重在整个过程中的体验，以及对美的更高标准的追求，强调通过整形美容使自己不断趋向于身体的"完美"。

> 对我而言，除了外貌的改变，心理的变化也是很大的。在朋友的

陪伴下去做的这次微整形，让我的心理负担减轻了不少。但是做了之后，我立马就有了一丝丝的后悔，觉得其实自己之前也蛮好的。不过我们行业比较注重外貌，所以让自己变得更美一点其实也没有什么。因为要为自己的任性买单，所以即使有些后悔，我也不会表现出来。后悔肯定是有的，觉得自己在做了之后心里真的是五味杂陈：自己原来只是鼻梁低一点点，但是整体而言样貌也是不差的，自己为了更完美才会做出这样的选择。（访谈编号：ZT-F-14）

第三种是将整形美容作为职业发展的助推力。尤其是从事服务业等对外貌要求较高职业的新生代农民工，他们认为好看的外表能够提升自身的竞争力，给职业发展带来优势。由此可见，以往的消费研究虽然有"理性选择""感性选择"的争论，但是大部分新生代农民工进行整容消费并不是盲目冲动，而是将这种身体塑造和改变作为提升自我的有效路径。在消费文化的语境中，个体的身体特质往往将与个性、道德品质联系在一起，身体的肥胖、堆积的脂肪、松弛的皮肤等被视为个体慵懒、缺乏自律、不节制、没有主动性等的代名词。以此观之，新生代农民工热衷于身体塑造，也可以被视作一种主动、积极的自我塑造方式。

第五节　电子产品：身体实践的媒介

一、智能手机：数字社会的必需品

随着科学技术的不断发展进步，电子产品技术变得越来越成熟：一方面，电子产品的功能越来越强大，质量越来越可靠；另一方面，电子产品的价格越来越便宜，在日常生活中越来越普及，涉及的应用场景也越来越多。不同于老一代农民工，新生代农民工能够快速接受新事物，关于电子产品的消费不断增加，这对他们的生活和消费方式的影响更加显著。这种电子产品主要是指智能手机。在早期，当收入比较低的时候，为了购买一部喜欢的智能手机，新生代农民工往往需要省吃俭用才能负担这部分费用。在当今数字时代，智能手机已经成为一种生活必需品。新生代农民工需要选择的已经不是要或不要智能手机，而是选择"好"或"不好"的智能手机。当然，这并不是这一群体的特性，而是当代社会普遍的"品位"或"生活方式"。总体看来，新生代农民工对智能手机等电子产品的消费达到了以下目的：

一是社会交往。智能手机和4G、5G网络技术的普及极大地拓展了新生代农民工的社会交往范围。手机媒体的社交功能也呈现多元化的趋势。首先，保持与原有社会关系的联结。通过手机媒介，新生代农民工在初入城市工作时，可以快速与家人、亲戚和朋友保持联系。其次，拓展新人际关系。由于移动互联网的便捷性与手机APP的广泛使用，新生代农民工更容易与新的同事、朋友等通过群聊建立更广泛的联系，并且这种联系是不易被中断的。最后，虚拟网络人际关系的建立。通过网络社交，新生代农民工建立了相应的虚拟空间中的人际关系网络，并在虚拟空间不断管理和整饰自己的形象。应该说，借助电子产品建立社会交往网络是新生代农民工了解城市的第一步，但其建立的社交网络圈大多具有同质群体的特性，这还需要其在适应城市的过程中不断拓展。

二是休闲娱乐。手机不仅为新生代农民工提供了便捷的交往通道，也为他们提供了更方便的休闲娱乐方式。首先，网购是这一群体较为喜欢的休闲方式之一。一位女性受访者说：

> 我基本每天都会在网上看东西，并不是说一定要买什么，就是习惯了，想了解一下。现在，我都在网上买衣服和各种东西，基本上能

不出门就不出门，网上的款式比较多，价格比起店里也便宜点，选择起来方便，也不用自己来回跑。我的朋友也都是这样，除了吃饭睡觉，就是看手机。当然，也是因为我们平时上班没时间，周末好不容易有空了，又不想出去，就想在家休息、躺着、看手机。我每次租房，除了看房子的装修，更看重有没有宽带。现在真是没办法，没有网络都不知道怎么活。所以，我每次回老家特别不习惯，因为老家没有宽带，手机流量又耗不起，只好尽量少用手机，感觉与世隔绝一样，基本上很快就从家里回来了（访谈编号：ZTT－F－15）。

其次，网络游戏占据了新生代农民工的绝大部分休闲时间，青年人成为网络游戏的主要消费群体，他们大多会在游戏上花费较多的时间和金钱。最后，除了网购和游戏，网络直播平台和短视频平台更是在这几年快速崛起，如抖音、快手等，成为新生代农民工休闲、娱乐的新选择。

三是自我提升。除了社交和休闲，新生代农民工也会借助手机这一媒介学习知识、提升技能。相较于以往，如今的网络资源更加丰富和开放，而且很多都是免费的。新生代农民工主要通过上网课、继续教育等方式扩充文化知识量，提升相关职业技能。同时，新生代农民工也可以通过这种渠道了解国家政策和社会信息。相较于老一代农民工，新生代农民工的文化水平更高，学习能力更强，维权意识也更强。所以，当新生代农民工的合法权益遭到损害时，他们会选择主动维权或寻求帮助。而且，他们中的部分人也从中找到了新的市场需求和契机，从而助推个人生涯规划和职业发展。

二、电子媒介：社会连接中的自我发展

课题组在调研中发现，新生代农民工对智能手机的消费选择更倾向

于以性价比为主。他们大多选择价格不菲的手机，价格普遍在 3 000～6 000 元，这基本相当于他们半个月到一个月的工资收入。在他们看来，这类手机意味着更好的质量和更佳的使用体验。新生代农民工的闲暇时间不多，一旦有时间，他们主要的娱乐方式也就是用手机看视频或网络购物，这成了他们普遍的生活状态。当然，也有很多新生代农民工选择价格更高的手机，这不一定是凡勃仑意义上的"炫耀性消费"，而更多可以看作他们对自己辛劳工作与生活的"补偿"机制。由于体制、文化等因素，处于"农村人"与"城里人"之间的新生代农民工想通过这些品牌手机来凸显自己的"与众不同"或"与时俱进"，通过消费方式彰显与城市居民的同一性，或与父辈的差异性。

对新生代农民工而言，以智能手机为代表的电子产品不仅具有日常生活场景中的使用价值，还具有形塑自我价值的作用。当他们身处陌生的城市环境时，社会支持网络薄弱，他们更需要借助电子产品来连接现实的外部世界，抑或虚拟的网络世界。除了智能手机，新生代农民工时常选择和使用的电子产品还有平板电脑。作为扩大版的智能手机，平板电脑具有更丰富的功能和使用场景，主要用来休闲和娱乐，较少用来学习。除非工作需要，新生代农民工使用笔记本电脑的频率非常低，这主要和他们的就业状况有关。他们中的大部分从事制造业或服务业，用智能手机就足以应付日常工作和生活中的一般问题。只有少部分新生代农民工位于管理岗位或组织岗位，需要额外的笔记本电脑满足工作需要。

由此可见，以智能手机为代表的电子产品成为新生代农民工进行身体消费实践的主要媒介，对他们的生活方式产生了显著影响。这些电子产品不仅改变了他们的消费方式和休闲方式，也成为其标识自我、发展自我的主要手段，对推动新生代农民工群体的自我认知和身份转变、提升城市适应能力发挥了重要作用。但新生代农民工还需要关注当下数字技术与其身体之间日益紧密的结合，这将极大地改变传统的物质身体、文化身体与技术身体的存在，形成数字化身体这一新的身体存在形式。笔者将在后文进一步讨论。

第五章　身体实践的选择偏好与行为逻辑

新生代农民工在身体消费实践过程中，大多在面部、服饰、形体塑造、养生等方面表现出相应的选择偏好。之所以出现这种身体消费实践的行为倾向和差异，很大程度上与这一群体消费行为的内在逻辑密切相关。这种消费逻辑首先表现出新生代农民工群体的消费观念具有鲜明的代际特征，其次是他们在平衡消费欲望和支付能力之间的消费选择，包括在性别、生命历程、场域和行业等方面的消费差异，以及消费行为的内在反应机制。这些消费逻辑形成了系统化的作用机制，共同形塑着新生代农民工的身体实践。

第一节　新生代农民工的消费观念

消费观念是社会经济发展客观现实在人们头脑中的反映，主要涉及人们对消费行为、消费方式的选择，以及对消费过程中与他人、环境关系的态度与看法。总体而言，新生代农民工的消费观念具有鲜明的代际特征。

一、超越“利他主义”：与父辈消费观念的代际差异

新生代农民工的消费观念与其父辈之间存在显著差异。老一代农民工虽然从农村空间进入城市空间工作和生活，但基于家庭成员之间天然的“利他主义”思维，他们遵循的仍然是农村生活模式的“功能性必要条件”，从而表现出“尽量不花钱或少花钱”的简朴型消费习惯（冯桂林、李淋，1997：74－78）。他们在消费上比较朴素和简单，没有过多的时尚追求，不会过度和超前消费，更多是把钱存起来寄回家，保持着“攒钱—寄钱”的模式。相关研究表明，早期外出务工者为了多攒钱，消费欲望低，多数选择节衣缩食、仅能维持温饱的生活方式，跨地域消费现象明显（李善同，2009：101）。早期外出务工者的消费主要集中在子女教育、改善家庭生活和买房建房等方面，针对自身发展、娱乐方面的消费考虑甚少（童玉琴，2016），一般偏向于谨慎消费。

> 父母他们一直过得比较节俭，舍不得吃、舍不得穿，都想多攒一点钱、少花一点，当然的确没多少钱。即使我工作了给他们钱，他们还是会把大部分都存着，舍不得花。现在的年轻人明显不一样，虽然大部分人还是比较节俭的，但跟父母相比还是舍得多了。现在的年轻人都有很多想法，不会苦了自己的。这是不是也算社会的进步？一代人比一代人生活得好。（访谈编号：CFF－M－16）

这表明，具有较高受教育程度和生活期望的新生代农民工的消费观

念更加积极、开放。他们在消费上也不再遵循“攒钱—寄钱”的模式,他们穿着时髦、消费方式前卫,因而具有更高的物质生活和精神享受需求。且新生代农民工大多比较年轻,对流行元素的认知度和接受度高,比较注重自己的装扮和外在形象。加上都市消费文化的不断熏陶,追逐时尚逐渐成为他们消费观念中不可或缺的选项。换言之,老一代农民工的消费水平低,消费欲望低,消费层级处于初级水平。部分新生代农民工认为自身工作压力较大,把自己打扮得时尚、漂亮一些,可以给自己带来一种愉悦的感受,进而缓解工作的疲累。在工作之余,他们主要的休闲方式就是逛街、购物,认为消费是对自己辛苦工作的犒赏,因而更加注重自身消费和享受。相比传统父辈农民工,他们更希望融入城市,并逐渐进行具有一定品位的消费。

二、追求生活品质:生命周期内消费观念的变化

新生代农民工处在农村和城市之间,是一个特殊的群体,既受到农村传统节俭观念的影响,又受到城市消费观念的影响。一方面,受农村消费习惯和传统生活的影响,新生代农民工的消费观念仍然以节俭为主;另一方面,他们在城市生活中又不断转变消费观念。在进城之前,他们基本一直生活在农村,深受农村消费观念的影响,并根据这种消费观念,实践自身的消费行为。在农村这个熟人社会中,人情、面子在日常生活中具有重要作用。因此,“炫耀性消费”在农村家庭消费支出中占据着一定的比重,例如,农民各家大操大办红白喜事、互相送礼等。

如果说中国农村是一个礼俗性的社会,那么城市就是一个法理性的社会。新生代农民工进城之后,受城市文化与消费文化的影响更甚,逐渐表现出不同于在农村时的消费观念。即便其中部分人的消费水平比较

低,但是与在农村时相比,也有了显著提高。在消费方面,为了追求更城市化、更现代性的生活,有些新生代农民工甚至呈现超前消费状态,消费支出大于收入(孙金花,2017)。在消费方式上,他们更多选择网上购物。在他们的消费观念中,仍旧是生存型消费占据主导,但是发展型消费和享受型消费的比例在逐步上升。

在文具店上班的小阳刚来上海两周,会去品牌店看一看。

> 以前,我基本上会随便买一些,不太看(注重)牌子,只要好看就行。来上海后,我开始慢慢地看(注重)一些牌子。因为上班要整天站着,所以得买一双舒服的鞋。刚来这里的时候,我就买了一双某品牌400多元的运动鞋。这个品牌的质量应该不错。我也慢慢地跟着朋友用起了化妆品,只要经济能力可以承受,我就会去买。想想一年下来,我也花不了多少钱。(访谈编号:XY-F-17)

以上访谈内容呈现出新生代农民工追求更高层次的发展型消费和享受型消费的倾向。他们从以往服饰能穿就行,到注重品牌、讲究品质,不得不说是一个很大的变化。

三、类城市风格:与同辈群体消费观念的分异

在身体消费实践方面,同辈群体中的城里人和农村人是新生代农民工经常用来与自身进行比较的对象。他们更喜欢打扮自己,大多不再拘泥于传统的消费观念和消费方式,甚至逐渐与留在农村的同龄人不同。他们也追逐时尚、潮流,因而在消费方面注重消费品的购买,部分新生代农民工群体甚至是“月光族”。他们会经常购买一些名牌鞋子、高档化妆品等,进而实现自身外在形象的城市化。有研究表明,他们除了户籍仍旧

属于农村，外在方面和城市同龄人并无明显差别(余晓敏、潘毅，2008)。

> 刚来上海的时候，我觉得那个汽车站太大了，我转了好久才转出来。经过这几年，我觉得城市比较方便，还有娱乐设施。老家什么都没有，我不愿意回老家，太没意思了。本地人在穿着、思想、观念这些方面和我们不一样。比如，在我们老家，大家都认为上网的人就是“坏孩子”，但是在这里，没人会对你上网这一行为有任何看法。现在，大家在穿着上其实已经差别不大了，不像过去。不过，我没怎么和他们(城里人)打交道，平时也接触得少。我现在不想回老家，希望能把父母接过来，他们一辈子也没有出来玩过，挺可惜的。(访谈对象 ZGH，访谈编号：ZGH-M-18)

综上所述，新生代农民工的消费观念具体表现在以下几个方面：第一，与老一代农民工之间存在显著差异，他们在衣、食、住、行等方面的消费水平有较大提升。第二，自身生命周期内的消费观念发生了变化。在农村地区，大家普遍采用“先储蓄再消费”的模式。虽然新生代农民工仍以偏生存型消费模式为主，但是他们逐渐表现出追求更高层次的发展型消费和享受型消费的倾向，甚至有些人已经超前消费。第三，与同辈群体的消费观念分异。与留在农村的同龄人相比，新生代农民工大多表现得更成熟，也更懂得打扮，衣着时尚、生活讲究，不再拘泥于传统的消费观念和消费方式。新生代农民工在城市适应中学习穿着打扮，不断改变自身的形象，逐渐获得新的身份认同。也就是说，新生代农民工不再一味追求节俭，他们更注重消费，注重实现自身形象和生活方式的城市化。

第二节　新生代农民工的消费特点

在身体消费实践过程中，新生代农民工一方面呈现出消费自主化、选择个性化和消费网络化的特点，另一方面也表现出注重追求个性化和务实性的统一，但又存在消费欲望和支付能力产生失衡与冲突的情况。

一、从依附型消费者到自主型消费者

相较于老一代农民工，新生代农民工能够自主消费的优势更明显，这使他们表现出自主化的消费特点。

新生代农民工逐渐从依附型消费者转变为自主型消费者，主要表现在如下两个方面：第一，经济独立是新生代农民工消费自主的前提。相关调查显示，在进城务工前，大约有 70％的新生代农民工都在学校读书，20％的新生代农民工跟随家人、亲戚做生意等，不足 10％的新生代农民工在家短暂务农。他们普遍缺少稳定的经济来源，在身体消费实践方面没有充分的自由空间。如今，该群体进城后独自谋生，经济独立，可以根据自己的意愿和喜好进行消费。研究表明，近 10％的受访者表示有过为购买笔记本电脑、智能手机或其他物品而分期付款的经历。他们甚至认为“只要是自己挣的钱，想怎么花都无所谓”（杨彩云、赵方杜，2017）。老一代农民工则不同，他们的汇款比例远高于其他国家的农民工，这种节俭式的个体消费模式对其家庭发展乃至整个农村社会的发展都做出了显著贡献（李强，2001）。第二，消费品格的养成是新生代农民工消费自主的动力。他们已经形成了独特的选择偏好、消费心理和行为惯习，这无疑是其塑成消费行为的不竭源泉。

二、时尚重于品质的消费格调

在现代消费文化中，个性化消费是一种符合个人心理需求的消费模式(张丽，2011)，蕴含了人们追求个性、注重自我意识和自我表达的内涵。在现代生活中，每个人都有自己的生活方式，也有自己的消费方式，个性化消费未尝不能体现一个时代的进步。

受到独特的成长经历、价值取向的影响，新生代农民工的消费品格呈现出明显的个性化趋势。相较于老一代农民工，新生代农民工具有较高的文化水平，因而在价值观上呈现出强烈的自我性、务实性和多元性，加上纷繁芜杂的城市生活所带来的文化冲突、调试和整合，他们形成了追逐时尚、彰显自我的消费格调。这为新生代农民工提供了将个人行为普遍化的法则，把他们引向了大多数城里人都在选择的时尚生活之路。和城市青年相比，新生代农民工同样追求时尚，但他们对衣物、饰品的款式、流行的追求超过了物品本身的价格和质量。他们看重的是样式、时尚的结合体，而非价格与质量的均衡体。

在超市上班的小李提道："年轻人比起中年人要会打扮一些。我经常和几个朋友去南京路逛街，因为那里的衣服太贵，我们根本买不起。我们就会把好看衣服的商标拍下来，到网络购物平台或批发市场买相同款式。虽然可能不是正品，但好看又便宜，这样的话，我每个季节都能穿上流行的衣服。上班后毕竟不一样了，你会受影响，穿着打扮就要和平常接触的人差不多。"(访谈编号：LB－F－19)这无疑是新生代农民工认为时尚重于品质的消费格调的最好诠释。

此外，新生代农民工在消费上的自主化使其形成了个性化的身体建构策略。从消费内容上看，他们注重服饰装扮，讲究衣服的款式、品牌和质量，认为紧跟潮流的打扮能让自己显得"时尚"和"洋气"。他们也从美发、美容、健身、整容等方面对自己进行全方位的装扮，塑造和美化身体。据调查，绝大部分接受访问的新生代农民工都经常染发、烫发，大约50%的男性会使用化妆品，几乎全部女性都经常关注并购买一定的化妆品。其中有几位体形偏胖的农民工表示，曾经或正通过节食等途径减肥。这背后反映的其实是城市文化和消费文化对新生代农民工自我装扮、生活方式的全方位影响。

三、追求个性与务实的统一

人们的个性化消费主要不是建立在商品的属性上，而是建立在人与人之间的关系上，是一种"身份"体现。"身份"是一种地位的代名词，人们更愿意用物品来体现自己的身份，以获得相应的身份认同。除了追求个性化消费，务实性消费一直是新生代农民工不得不考虑的现实问题。在具体的消费过程中，个性化消费与务实性消费二者之间激烈博弈，并最终冲破阻碍实现统一，这也是新生代农民工身体消费实践的一大特征。

新生代农民工处在农村和城市之间，是一个特殊的群体。在消费方面，为了追求城里人的生活，他们希望自己扮演城里人的角色，从而获得某种程度的认同。有些新生代农民工呈现超前消费状态，有的甚至消费支出大于收入。一方面，他们追求个性化的消费，追求时尚，像城里人一样购买时尚的服饰，做最潮流的发型，购买最新款的智能手机等，希望获得城里人的身份认同。另一方面，他们受到各种现实情况的制约（如经济压力、工作压力等），在消费行为的选择上，又会偏好务实性消费，如在服饰选择方面，他们会选择商场打折的服饰，或者在网上购买高仿品牌的服饰，以达到满足自身个性化消费的需求和消费务实性的协调统一。在调研中，多位男性农民工表示自己在老家时没有染发，刚进城的时候，会根据当时的流行色来染发，认为"染发很酷"，"有个性，自己一直想染"。但两三年后他们基本就不再染发了，觉得“还是黑色的头发好看”，或“没有必要去染了”，“没有那些闲钱”等。这明显反映出他们的身体塑造意识和行动随着进城时间的增加而改变，以前追求个性，现在则更加务实。

但他们的消费行为也存在一定的超前消费、攀比消费倾向。正如前文所言，新生代农民工深受城市消费文化的影响，消费观念由“经济型”转为“经济型＋生活型”，他们也重视享受生活。所以，在经济状况不是很好而网络借贷比较方便的情况下，超前消费在新生代农民工中并不少见。新生代农民工普遍的储蓄意识与老一代农民工相比弱了很多。在访谈中，就课题组询问的“如何看待衣服、皮包和饮食方面的攀比问题”，不少访谈对象表示“怎么舒服怎么来，最重要的就是开心了”。在服饰消费方面，不少人表示在能力范围内会选择去大商场，选择有品牌的服饰。另外，少数新生代农民工表示在逛街的时候会根据自己的心情和喜好进行随机消费，不会设置太多的自我限定。

四、消费欲望与支付能力的失衡

对新生代农民工而言，尽管他们在城市务工获得了一份较之前在农村务农时更高的收入，但是这份收入无法让他们在城市生活并维持城里人的生活水平。因此，他们出现了消费欲望与支付能力失衡的问题。

老一代农民工进城的动机属于“经济型进城”。但是，新生代农民工已经不尽相同，他们不再愿意做都市消费文化的弃儿，他们进城的动机属于“经济型进城和生活型进城并存”或“生活型进城”，在他们工资收入水平远低于城里人收入水平的时候，虽然他们无须像老一代农民工一样，向家里寄大部分钱，但是仍旧需要存储部分收入孝敬父母或者以备不时之需，最终他们手里持有的可支配收入是非常有限的。因此，在新生代农民工的经济收入情况尚未和城里人接轨的情况下，他们的消费欲望却要赶超城里人，这会导致他们的消费欲望与支付能力之间的失衡问题愈来愈明显（余晓敏、潘毅，2008）。

新生代农民工的消费欲望与支付能力的失衡，主要涉及如下三个方面：一是受城市消费文化环境的影响。新生代农民工在城市务工，相对于在农村，他们接收到的商品信息和接触到商品的机会大大增加了，如商场的促销活动等。作为信息传递者，商场里面的销售员向新生代农民工灌输商品知识和消费观念，甚至夸大商品功效等，试图引导他们消费。当看到商店里琳琅满目的商品时，新生代农民工的消费欲望被充分地调动起来。二是受工作环境的规训。从事服务行业（如商店、餐馆、休闲娱乐场所等）的新生代农民工更可能受到身体规训，如一些服务行业会直接要求服务人员“带妆上班，不能穿运动鞋，注意自己的形象，穿着要大方得体”。根据工作要求，新生代农民工需要进行身体消费，改善自身的身体形象，但是工作方并不承担这个群体身体消费的成本，仅从他们的身体消费中获利，而消费成本由他们自己买单。三是参照群体的消费示范（王宁、严霞，2011）。这里的参照群体是新生代农民工进行身体消费时的参考对象，如工作时的同事、穿着时尚的城市居民等，都有可能是他们的参考对象。在以上各项因素的合力作用下，支付能力有限的新生代农民工的消费欲望被逐渐唤醒，从而导致消费欲望和支付能力失衡的问题。面对这种失衡的局面，新生代农民工并没有远离城市生活，而是形成了一套“两栖消费”适应策略（王宁、严霞，2011），从而在城市中顽强地生存了下来。

五、消费方式的网络化与多样化

随着社会经济的发展，与老一代农民工相比，新生代农民工的消费方式也日趋现代化。他们不再局限于传统的逛街、在商店购物等单一的实体消费方式，而是采用日趋流行的上网、旅游、在 KTV 消费等现代化消费方式。尤其是依靠网络平台的电子商务消费逐步融入了新生代农民工的日常生活中。“在上海这样的大城市,大商场里的东西虽然很好,但很贵。因为店铺的租金都不便宜,东西自然就贵了。还是网店好,款式和实体商店里的差不多,还便宜,所以我喜欢网购。”(访谈编号:JC-F-20)与老一代农民工相比,新生代农民工已经有很大的差异,更加追求时尚和潮流,并希望从形象上开始变得很“城市”。由于互联网的发展和信息传播的便利性,新生代农民工更容易接触到关于时尚和潮流的信息。但是,鉴于与时尚相关的商品价格高、实用性低、更新换代快,对于想在城市立足的新生代农民工而言存在一定压力,他们更多穿梭于各种购物APP或网站选择物美价廉的时尚品。另外,在消费的支付工具上,新生代农民工更多利用现代网络、通信技术进行消费,尤其是支付宝和微信支付的使用在这一群体中更是常态。

“自己每次出去购物前,都会先在网上看看再做选择”和“几乎每周都会上网络购物平台看看或网购”是部分受访者对自己消费方式的真实描述。他们有时也通过电视台的购物频道为自己或在老家的父母购买商品。可以说,网络消费是新生代农民工有别于老一代农民工消费的最大特征之一。大部分新生代农民工都会上网,他们会在网上打游戏、社交、购物、看电影,甚至找工作。这种网上消费方式不仅前卫,而且更加便捷,网络消费已经成为新生代农民工生活中不可或缺的一部分。此外,相关调查发现,随着生活水平的提高,新生代农民工不再只局限于传统的休闲娱乐方式,旅游也成为他们娱乐休闲的热门项目之一。当被问到喜欢的娱乐活动时,有40%以上的新生代农民工表示有空余时间会通过外出旅游放松,使自己更好地减压(孙金花,2017)。

与消费工具相对应,消费制度是关于消费生活资料的社会组织形式,包括社会保障制度、消费信贷制度、消费供给制度和调节制度(王宁,

2003)。在以上受消费制度影响的诸多方面,只有消费信贷在目前网络时代的影响下受到新生代农民工的欢迎。以前,少数的老一代农民工可以通过银行进行住房贷款,现在,新生代农民工面对城市生活的各方面(如住房、日常生活)压力,慢慢通过网络贷款的形式增加享受型消费和发展型消费的频率。通过访谈发现,他们使用率较高的是蚂蚁金服推出的蚂蚁花呗消费信贷产品。用户申请通过后,将获得一定的消费额度,在消费时可以预支蚂蚁花呗的额度,享受"先消费,后付款"的购物体验,用户只要按时归还上月的消费额度,就可顺利进行下个月的贷款消费。类似于蚂蚁花呗的消费信贷产品还有很多。总而言之,网络时代的发展丰富了新生代农民工的消费方式。

在酒店当服务员的小婷在电视上看到 Cosplay 秀后,自己也拍了 30 多张类似的照片放在 QQ 空间内,引起很多好友的关注。她说:"(我)觉得那些动漫人物的打扮比较好看,所以就穿成那样拍了好多照片,自己觉得很开心。(这些衣服的)颜色鲜艳,比较有个性,(我)不敢给老家的人看,因为他们不太能接受。拍这个不太贵,才几百块,是同事介绍的,也是想给自己留点回忆。我就放在 QQ 空间,好友都可以看到,点赞的人不少,都说好看、有气质。"(访谈编号:ZFY-F-21)这不仅表明新生代农民工的消费日趋现代化,而且表明其身体是镶嵌在社会场域中的,与生活世界中的其他身体和事物处于实践的联系中(郑震,2003)。新生代农民工对身体服饰、肤色和体型的改造,都是在寻求都市文化所认可的身体形象与身份认同。

六、消费模式的市民化倾向

新生代农民工更加注重外表,使自己看上去像是市民,所以其融入城市的重要一步就是改变消费模式。改革开放以来,经济的快速发展使消费文化越来越多样化,消费流行的周期越来越短,时尚消费产品更新换代的速度越来越快。同时,随着各种科技手段、铺天盖地的宣传广告,以及形式多样的消费工具的盛行,年轻人追赶消费时尚的步伐越来越快。他们追求的不是在城市赚够钱以谋划一个更好的晚年农村生活,而是追求"经济型+生活型"的目标,到城市寻求更好的发展空间以扎根于城市。

与老一代农民工不同的是,新生代农民工更愿意花钱。"挣了钱就要花呀,挣钱就是为了花啊。""我是自己挣钱自己花,不会花父母的钱,当然给父母的也不算多,他们暂时也不需要。"访谈发现,新生代农民工的消费意愿比老一代农民工更加强烈,相较于"储蓄"和"寄给家人",新生代农民工更愿意用自己挣的钱以改善生活和提升自我。此外,新生代农民工的消费支出主要用于饮食、住宿、服装、娱乐和社交等。"我父母经常说我每个月花费太多了,攒不到什么钱。"这一群体每月的花销已经明显增加。受制于职业发展,新生代农民工的工资水平和福利待遇相较于老一代农民工并没有大幅提升,但他们至少在心中更愿意消费,同时也更愿意付诸消费实践。

相关研究也发现,新生代农民工在消费结构上更加均衡(赵卫华,2015),主要用于住宿、饮食、交通、通信、服装、生活用品、娱乐、学习培训、请客送礼等方面,消费需求更加多样化。这表明,不同于老一代农民工只是作为城市里的过客,子女教育、养老或者医疗都要在农村完成,新生代农民工的消费模式已经呈现出一定的市民化特征。

总体而言,新生代农民工的消费特点表现为以下六个方面:第一,消费自主化。他们逐渐从依附型消费者转变为自主型消费者,这主要得益于新生代农民工的经济独立,这是他们消费自主的重要前提。同时,消费品格的养成也是他们消费自主的动力,他们养成了独特的选择偏好、消费心理和行为惯习。第二,消费选择品质化。受到独特的成长经历、价值取向的影响,新生代农民工的消费品格呈现出明显的个性化特征,追逐时尚、彰显自我是他们消费格调的体现,注重服饰装扮,讲究衣服的款式和品牌,看重样式、时尚的结合体,而非价格与质量的均衡体。第三,追求个性与务实的统一。一方面,他们追求个性化的消费,追求时尚,购买时尚的服饰,做最潮流的发型,购买最新款的智能手机等;另一方面,受到现实情况的各种制约,他们又会逐渐偏向务实性消费。第四,注重平衡消费欲望和消费能力之间的矛盾与冲突。受城市消费文化环境的影响、工作环境的规训和参照群体的消费示范作用,新生代农民工的消费欲望与消费能力出现了矛盾、冲突乃至失衡,他们形成了一套"两栖消费"的适应策略。第五,消费方式的网络化。他们的消费方式不再只局限于逛街、逛商场等单一的实体消费,而是日趋网络化和现代化,尤其是依靠网络平台的现代电子商务消费逐步融入了他们的日常生活中,甚至旅游也成为他们娱乐休闲的热门选项之一。第六,消费模式的市民化。新生代农民工的生活态度具有明显的代际特征,他们的消费行为和消费偏好与城市居民的相似性越来越高。

第三节 新生代农民工的消费差异

新生代农民工的身体消费实践既有上述的共同特点,也在性别、生命历程、场域和行业等方面呈现出差异化的表达形态。

一、功能化效用还是审美化效用:性别差异

男性和女性之间的差异,除了生理性别差异,还包含社会性别差异,即社会对男女两性的群体特征、角色和两性关系的期待、要求等是不同

的，社会性别是被建构的（张凤华、曾一帆，2007）。因此，性别因素影响着新生代农民工的消费观念，男性和女性在身体消费实践方面表现出不同的差异水平。

女性的身体消费实践活动更多样，她们在周末休息时会去逛街和购物，有时即便没有明确的购买欲望，也会在朋友、同事的邀请下购物，每次耗费的时间较长。男性的消费频次相对较低，往往没有明确的时间限定，大多在换季或需要添置衣服时才会去购物，消费消耗的时间也较少。这说明女性的身体消费实践行为主动性强，消费目的多元，消费以感性居多，易受到周围环境的影响；男性的身体消费实践行为有一定的被动性，消费目的单一且明确，消费以理性居多，不易受到消费环境的影响。

同时，男性的身体消费实践以常规化的服饰、美发、健身居多，女性的身体消费实践则除了这些项目，还涉及化妆、美容、美甲、塑身、整形等内容。这表明男性的身体消费实践注重普遍化选择和功能化效用，风格刚健；而女性的身体消费实践注重个性化选择和审美化效用，风格细腻。新生代农民工中，女性的身体消费支出约占其收入的50%，她们强烈的消费欲望和有限的支付能力之间的矛盾与冲突比较明显。反之，男性在这方面的花费约占其收入的33%，其经济收入基本能满足消费需求。

二、文化堕距与身份焦虑：生命历程差异

新生代农民工的身体消费实践随其生命历程的变化，尤其是进城事件的发生而有所不同。尤其是这一群体在进城适应城市生活一段时间之后，呈现出物质发展在前而非物质文化发展相对滞后的现象，即“文化堕距”（culture lag）。

在新生代农民工中，“文化堕距”现象尤为明显。依据新生代农民工进城的时间进程，他们会在不同生命历程阶段呈现出身体消费差异。在

进城初期，新生代农民工基本保留了原有的“乡土气息”，他们的日常社会交际圈基本只限于熟人和老乡，这种过于单薄、简单的社会关系网络使他们难以全面融入城市社会网络中，依旧遵循农村的生活方式和消费方式。然而，在进城一段时间后，新生代农民工对城市生活逐渐适应，开始有“方向”地融入城市生活中。他们最直接的融入方式，就是模仿城里人的穿着打扮，在美容、美发、化妆等方面进行身体消费实践，满足自身物质文化发展的需求，使自身努力融入城市中。

在调研中发现，许多新生代农民工表示自己在老家时并没有想过染发，但是进城之后，看到很多城里人都染发，所以自己也选择去染发，并把头发染成了流行色。新生代农民工虽然物质文化需求得到了满足，如染发、美容、化妆等，但是其文化观念、意识形态等并未发生本质的转变，其行为方式和价值理念仍带有明显的“乡土”特质(余成跃，2013)。这鲜明地反映出新生代农民工在思想上的接受和改变明显滞后于物质层面，导致“文化堕距”现象出现，并且可能使其因此产生焦虑、不知所措、无法对自己进行“定位”，甚至消极面对。长此以往，他们可能会失去支撑自己在城市生活的信念，磨灭生活的热情，产生严重的挫败感。

三、扩张消费还是抑制消费：场域差异

面对不同的场域，新生代农民工形成了不同的消费适应策略，即在特殊的时间和空间满足被调动起来的消费欲望，在其他时间或空间则抑制消费欲望，这就是“两栖消费”策略(王宁、严霞，2011)。从时间上看，新生代农民工更有可能集中在生日、回家前和春节期间进行“高”消费。回家前，特意去商场买些新衣服、到理发店做发型的新生代农民工不在少数。春节前，从商场较之前火爆几倍的生意中也可以看出这一点。从空间上看，新生代农民工更关注在城市和农村老家两种空间情境下的身体“高”

消费。当他们在工厂或商店、餐馆等工作空间的时候，他们只以生产者和进城务工者的身份出现；当他们在城里进行娱乐休闲活动时，他们以消费者的角色进入城市休闲空间，享受真正城里人的生活；当他们回家探亲或者春节回家时，他们想“扮演”着城里人的形象，穿着在家乡买不到的衣服，戴着在家乡买不到的配饰，用着在家乡买不到的化妆品，带着在家乡看不到的城市里的“特产”。在家乡人的眼中，他们已经不再是离村前“土里土气”的乡下人了，而是赚了钱且见多识广的城里人。

从另一个层面看，新生代农民工处于工作、社会交往、休闲等不同空间体系时，其身体装扮势必体现出显著的场域差异。当然，这种差异也可以从更宏观的层面来加以解释。尤其是经济发展的不均衡势必对各地的文化价值、社会心态，以及人们对时尚、品牌和潮流的感知产生影响，进而映射到新生代农民工的时尚观念和身体建构上，进一步建构和加剧了他们身体消费实践的场域差异。打印店的小王表示：“在老家的时候，一般认为真维斯、班尼路、森马、安踏等算是很不错的，有钱的才会买。到上海后，我发现还有更多的名牌，有时遇到外国牌子的衣服打折，我也会买一件。过年回家的时候，我妈看见我穿得比较休闲，没有穿西装打领带，她就说我穿得太随便了，不如那些穿西装的好。我其实好久都没有穿过西装了，觉得不自然。我妈还是认为穿西装的人混得好、有出息。”（访谈编号：WJB－M－22）上述访谈内容体现出了身体消费实践的场域差异，既有经济方面的差异，也有文化、价值观念方面的差异。

四、“生产的身体”还是“消费的身体”：行业分化

新生代农民工身体消费实践的行业差异性主要体现在加工制造业和服务业。这两个行业的工作环境不同，新生代农民工的身体消费实践方式和内容也存在显著差异。一般而言，从事服务业的新生代农民工的身

体表现通常要强于从事加工制造业的新生代农民工，且前者的身体呈现在工作场域的形象规训过程中会被进一步强化（王宁、严霞，2011）。众所周知，服务业的劳动不同于加工制造业，虽然二者都会受到城市消费文化的影响，但是服务业除了自主自愿的身体消费，还会受到来自工作场域的身体塑造压力。在工厂中，新生代农民工的身体外在形象与生产效率无关联，因此资方也不会过多关注或提醒他们注意形象整饰，甚至新生代农民工过多关注自身的外在形象是不被认可的。同时，加工制造业的工作性质也使他们没有过多的时间和精力关注自身的外在形象。

然而，与加工制造业不同，服务业中的新生代农民工不仅是"生产的身体"，更多还是"消费的身体"，而且是"被消费的身体"。顾客消费的不仅仅是服务，还包括对他们的身体形象和个人情绪管理等方面的感官消费。因此，这也导致从事服务业的新生代农民工的身体形象装扮被纳入资方的管理范围，受到资方的管理。例如，有的餐馆和商店明确要求员工必须"带妆上班，不能披头散发，不能穿运动鞋，走路要挺直腰杆，对待客人要微笑……"这些都是服务业中的基本要求。因此，从事服务业的新生代农民工，尤其是女性，为了得到一份稳定的工作，必须按照市场要求对自己的身体进行装扮，从最初的印象整饰开始做起，如购买化妆品、穿潮流服饰等，使自己最起码符合职业要求，进而才能够获得职业发展。

总体看来，新生代农民工的身体消费实践差异体现在四个方面：第一，性别差异。女性的身体消费活动更频繁，男性的消费频次相对较低；女性的身体消费实践行为主动性强，消费目的多元，感性消费居多，易受到周围环境的影响；男性的身体消费实践行为存在一定的被动性，消费目的单一且明确，理性消费居多，不易受到消费环境的影响。第二，生命历程差异。在进城初期，新生代农民工基本保留原有的"乡土气息"，依旧遵循农村的生活方式和消费方式。进城一段时间后，新生代农民工逐渐适应了城市生活，开始有意识地融入城市生活中，但依然存在难以跨越的制度、文化之“墙”，致使出现“文化堕距”的现象。第三，场域差异。新生代农民工在特殊的时间和空间释放被调动起来的消费欲望，在其他时间或空间则抑制消费需求，进而形成“两栖消费”策略。第四，行业差异。从事加工制造业的新生代农民工的身体更多是“生产的身体”，但从事服务业的新生代农民工的身体不仅是“生产的身体”，还是“消费的身体”。

第四节　新生代农民工消费的内在机制

新生代农民工具有独特的消费观念、消费特点和消费差异性，较为鲜明地体现出这一群体消费的内在反应机制：犒赏自我的物质激励、满足内心的精神愉悦和建构身份认同的有效载体。

一、犒赏自我的物质激励

根据马斯洛需求层次理论，生理需求是人们最原始、最基本的需求。物质激励，顾名思义，是以满足人们的物质欲望为出发点，通过满足受激励者的某些物质要求，达到激励其努力工作，创造更大效益的目的。物质激励作用于人的生理层面，目的在于满足人的物质需要（吴炳新，2016）。对于有物质消费需求的激励对象，尤其是希望得到更多更好的消费资料的激励对象而言，物质激励不仅有犒赏的作用，还有调动激励对象劳动积极性的重要作用。

一般来说，每个人都有对物质消费资料的需求，因此物质激励都有一定的激励作用，区别在于不同的人在不同时期的需要程度，以及需要的具体内容不一样。新生代农民工对于物质消费资料的需求更强烈，除了完成日常的辛苦工作得到相应的劳动报酬，其对身体消费的追求还是他们对自我进行物质激励的表现，比如，购买流行服饰、做潮流发型、购买高档化妆品等。对于新生代农民工来说，这些身体消费实践可能不是最重要的物质激励，但确实是最有效、最能够直接看到并感受到的物质激励。他们日夜辛苦工作，在工作之余或者在特殊的日子，如生日、节假日等节点，他们也会主动追求一定的生活享受，通过购买琳琅满目的商品，将商品作用于自身并且希望通过这种身体的消费犒赏自己。更重要的是，物质激励能够为他们带来更多的动力，使他们能在繁杂的工作和生活中继续奋斗下去。

二、满足内心的精神愉悦

物质激励固然重要，但不是万能的，单纯的物质激励并不能持久有效地起作用。人们在物质需求得到满足之后，就开始追求精神层面的满足，而此时的消费也成为人们的一种精神激励。精神激励作用于人的心理层面，用以满足人的精神需求（吴炳新，2016）。不可忽略的是，对于身处现代社会的新生代农民工而言，身体消费也是他们获得内心愉悦的一种重要方式。

新生代农民工通过一系列的身体消费实践，如美容、美发、美甲、文身、整形等方式不断对自己的身体进行整饰，这不仅是一种外在的消费，更是“心情消费”或者“心理消费”。新生代农民工通过消费，心情愉悦了，情绪得到了极大的满足，心理得到了强烈的满足感。也就是说，这一群体进行的身体消费是内在心理表达的一种方式。这里的“内在心理表达”既可能是积极心情的表达，也可能是消极情绪的发泄。比如，有的新生代农民工会在心情愉悦的时候（如庆祝生日、见老乡、涨工资等），通过身体消费来表达；也有部分新生代农民工感到心情悲伤或者郁闷的时候（如被老板批评、工作不顺利等)，通过身体消费来尽情表达，使消极的情绪得到合理的发泄，从而获得心理层面的平衡和愉悦。

三、建构身份认同的有效载体

当代社会，新生代农民工对自我身份的认同基本呈现出三种形式。第一，相较于老一代农民工，新生代农民工已经逐渐打破“农村人”和“城里人”的鲜明界限，他们也不再把自己和城里人绝对地分为“农村人”和“城里人”这种对立的两极。第二，新生代农民工在一定程度上弱化了城乡户籍制度赋予他们的农民身份，更加注重社会对他们农民身份的认定(王春光，2001)。他们追求潮流，努力向城里人靠拢，不断重塑身体，使之城市化，倾向于过城里人的生活，渴望获得城里人的身份认同。第三，新生代农民工在城市和农村之间徘徊。一方面，新生代农民工的身体消费实践趋同于城里人，他们通过模仿城里人的消费行为，对自己进行印象整饰，使自己看上去像个城里人，达到趋同的目的，获得城里人的认可。另一方面，新生代农民工由于受到经济能力、时间等条件的限制，即使奋力追赶，他们依旧不能完全像城里人一样生活，与城里人之间依旧存在很大的差距。但长期背井离乡，受到城市生活方式的影响，他们又与农村人不同，在地道的农村人眼里，他们又不完全是农村人。面对如此两难的尴尬境地，他们成为“漂泊”在城市和农村之间的特殊群体。

综上所述，新生代农民工在身体消费实践过程中的行为选择具有显著的内在逻辑，具体表现在以下几个方面：首先，超越“利他主义”、追求品质、类城市风格的消费观念使新生代农民工在进行身体消费时，不再一味地节俭，而是更多地关注自身，注重发展型和享受型消费。其次，在这种消费观念的引导下，新生代农民工的身体消费实践呈现出消费自主化、选择个性化和消费方式网络化的特点，同时又注重追求个性化和务实性的统一，注重平衡消费欲望和支付能力。尽管新生代农民工在身体消费实践方面存在着相似的特点，但也存在显著的差异，尤其是在性别、生命历程、场域和行业等方面表现得更明显。最后，在新生代农民工身体消费实践的行为中，蕴含着犒赏自我的物质激励、满足内心的精神愉悦和追求身份认同的有效载体等内在机制，这构成了这一群体身体消费实践的内在逻辑体系，并进一步影响着他们的日常生活。

第六章 身体实践的规训机制与支配策略

消费所关注的不仅是需求满足与生活体验，更主要的是对商品所承载的社会文化和意识形态的认可。新生代农民工从农村到城市，不仅要适应生活方式的转变，更要寻求一种归属与认同。渴望身份的认同就不可避免地涉及针对“理想身体”的自我改造，消费就是他们寻求城市身份认同的第一步。新生代农民工的身体消费实践受到多种因素的影响，波多(Bordo)认为，对身体的理解包括在科学、哲学和美学方面对身体的再现，或通过规范体系的训练，使身体成为社会化的、有用的身体（朱虹，2001）。新生代农民工身体消费实践的多元图景既是社会机制规训的结果，也是收入与圈子、职业与生活、传媒与技术等多重结构性力量交错形塑的产物。

第一节　收入与圈子的双重协奏

新生代农民工是中国产业工人中最有活力的群体，是经济建设的重要力量。他们怀揣着对美好生活的追求来到城市，渴望融入城市获得身份认同。国内外学者关于消费与认同这一理论框架的阐述已逐渐达成共识：消费实践是消费主体身份认同的外在表现，不同的消费方式折射出不同阶层消费者的身份；人们通过消费方式来显示自己的身份特征，消费方式体现出身份认同意识（王亮，2018）。

一、收入增长与消费支出的非对称性

收入对新生代农民工的身体消费实践有决定性影响。从受访者的资料来看，新生代农民工群体从事个体经营的收入较高，月收入在5 000～10 000元，而打工群体的收入较低，基本集中在3 500～6 000元，职业对收入的影响表现出显著性差异。从消费水平上看，扣除生活成本，他们几乎将结余的50%用于消费支出，给家里汇款的数额较少。2016年中国城市劳动力调查数据显示，新生代农民工家庭的年人均总消费比老一代农民工家庭高出26%（王美艳，2017）。

新生代农民工的收入虽然有所增长，但他们更加追求物质享受，消费态度更加积极开放。从消费结构上看，服装、交际、娱乐、护肤、健身等支出构成了他们消费支出的主体。父辈大部分是出于家庭供养责任不得不出来打工，处于中年阶段，人生观、世界观都已经定型，受社会消费环境影响较小。而新生代农民工的家庭供养和照顾责任心不强，加上社会生产力的发展创造了一个更加繁荣和可获得的市场经济环境，新生代农民工在更容易冲动消费的年纪遇上了一个消费诱惑更大的社会环境，这就造成了他们具有一种更轻松的消费态度，个人的意愿与喜好在消费行为中占主导地位。

此外，与老一代农民工情况不同的是，新生代农民工的社会体验是从城市开始的，除了要面对从农村到城市生活环境的变化，还要面对身份的转变。不少受访者在接受访谈时都用“你到社会上”来形容自己进城务工的经历，这也是从学生身份到职员身份的转变。“出了学校就不一样了，到社会上……”这在一定程度上可以表明新生代农民工的消费观念和消费实践是在进城之后才开始的，这就决定了他们的消费观念与父辈有差别，节俭与储蓄意识较薄弱，对社会有更强的好奇心，商品经济对他们的诱惑力更大。

二、消费欲望与支付能力的调适

福柯认为，自我形塑技术是权力的核心。在现代社会，个体要想获得新的身份，就必须与自己过往的身份进行斗争（潘毅，2011）。新生代农民工渴望融入城市、扎根城市，要实现这一目标，首先就须进行身体改造，做到“看起来”像个城里人。他们会模仿城里人的穿着打扮、生活方式，以及对身体进行选择性消费来形塑城里人的形象，力图抹去自己农村人的形象，淡化自己与城里人的差异。消费是实现这一目标的重要媒介，而收入水平对消费方式有决定性的影响，也就是说有收入是农民工成功进行身体改造的重要条件。

新生代农民工追求更高层次的消费，他们注重外表的光鲜亮丽，追求潮流、品牌和质感，并且极力体验城里人的消费模式，这种消费心理就势必会造成新生代农民工消费欲望的增长速度远远快于收入的增长速度。这时，他们会面临消费欲望与收入不匹配的窘境。但多数受访者表示，偶尔出现超支时也会及时填补上，将消费控制在经济条件许可的范围内。“我会在自己的能力范围内控制自己的消费，一般不存在这个问题。”“收入不能支撑消费时，我会减少消费，没有刷过信用卡或借钱消费。”他们追求时尚，但基本是“量入为出”，很少出现过度消费、超前消费和攀比消费的现象，为买品牌衣物而透支信用卡的情况更是少之又少。

当拥有丰厚的经济收入时，他们则有可能维持与城市青年一样的消费方式。新生代农民工对自己的消费欲望存在延时满足的心理，“不花呗，能怎么办，等下个月发了工资再买”，或者倾向于缩减其他方面的开支（如食品消费），以满足自己的消费欲望。少数的借款行为也是由于家庭救急，“急需用钱的时候，我会刷信用卡应急”，用于满足自己消费欲望的借款或超前消费行为很少。新生代农民工来到城市，基本靠地缘与血缘关系进行社会交往，消费行为主要受到“生活圈子”群体的影响，他们有相似的打工背景和工资水平，这样的消费示范很少会造成超额消费。加上家庭的供养责任，新生代农民工在满足自身消费欲望的同时，也会尽可能避免消费压力。

三、所属群体与渴望群体的消费示范

圈子，尤其是同辈群体对新生代农民工身体消费实践的影响是非常显著的。新生代农民工从农村来到城市，生活圈子发生了变化，他们面临更多的消费产品选择，展现自我的机会也增加了，这都需要他们对自己的身体形象进行管理。国家统计局发表的《2017 年农民工监测调查报告》显示，在城市生活中，除了家人，进城农民工在业余时间交往的人群中，老乡占 34.7%，比上年下降 0.5 个百分点；当地朋友占 24.6%，比上年提高 0.3 个百分点；同事占 22.6%，比上年提高 0.4 个百分点；其他外来务工人员占 3.5%，比上年提高 0.4 个百分点；基本不和他人来往的占 12.7%，与上年持平。这些数据在一定程度上说明了农民工的交往群体发生了变化,不同群体对农民工的身体消费实践影响交织显现。

根据农民工与其他群体成员的关系,可将参照群体划分为所属群体和渴望群体。所属群体是实际存在的群体,如家人、亲戚、朋友等日常关系网络,他们对农民工的心理和行为有着直接的、持续的、重要的影响或制约作用。课题组在调研中发现,进城后的新生代农民工基本是在先进城的朋友、同事的引导下选择服饰和化妆品的。他们时刻向农民工传递身体装扮的建议和各种流行信息,展示对商品的选择、评价、购买和使用等消费过程,从而激发新生代农民工的消费意识和消费行为。在水果店打工的小许表示:"我平时都是和朋友一起去买衣服,她们会向我推荐一些品牌。我看她们平时穿衣服的效果都很好,所以比较信任她们。我以前不化妆的,现在看她们化妆,自己慢慢就会了。"(访谈编号:XB－F－23)这种影响是正面的鼓励,但有时则是负面的排斥和嘲讽(王宁、严霞,2011)。在理发店工作的小温表示自己曾经被朋友嘲笑过服装和外形:"对我,他们都很无语的,说我一点都不注意自己的形象。我就想,平时工作穿那么好看干吗,又没人看。像我们一天工作12小时,哪里有时间打理自己啊。我一开始还没有很在意,就当是玩笑话,后来听多了就觉得不是很开心。我也在尝试改变自己。"(访谈编号:WZL－M－24)

渴望群体是新生代农民工希望成为其中一员却尚未加入的群体,如打扮时髦的城里人或气质优雅的明星,这些由消费文化塑造的"标准化身体"对新生代农民工具有强烈的示范作用。渴望群体是新生代农民工的角色典范,他们的消费行为不只是一种生活方式的呈现,更是一种价值观念的表达。在理发店工作的小成对一位顾客印象深刻:"她穿得很时髦,化淡妆,很好看也很自然,根本看不出是40多岁的人。每次来,她都会说一些如何打扮、保养的经验,我们跟她学了不少。"(访谈编号:CM－M－

25)但受到经济收入的限制，新生代农民工在实际身体塑造时，更多的是参照在各方面与自己相似度较高的同辈群体所传递的消费信息，对渴望群体的消费模仿更多发生在职位和收入相对较高的少部分人中。在面对市场上种类繁多的物品，以及身边渴望群体的消费示范效应时，那些以所属群体为参照对象的新生代农民工更能控制自己的消费行为，但以渴望群体为参照的新生代农民工更容易超前消费，面临消费困境，乃至产生落差感。

第二节　职业与生活的两极律动

新生代农民工处于城市社会的不同空间体系，尤其是身处以科层制为主的生产空间和以社会交往、休闲、娱乐为主的生活空间时，其身体装扮则不尽相同。

一、从劳动规训到形象规训的身体管理

大多数新生代农民工毕业之后就来到城市工作，学历普遍较低，很少接受过正规的高等教育，因此在就业竞争日益激烈的现代社会，他们所从事的工作基本是体力型劳动和服务行业，这样的职业分布也决定了职业规训在新生代农民工身上会不断上演。新生代农民工在城市无依无靠，进城打工的第一份职业基本是同村或者亲戚“介绍”的。可以看出，职业分布带有一定的地缘与血缘传承特点，这也就造成了他们在城市交往中还是和同乡的联系更密切。

不同职业有着不同的穿着打扮要求。新生代农民工进城的第一次转变是身份上的转变——从农民到工人，他们融入城市的第一步是对自

己身体的改造，在穿着打扮上舍弃农民的“土”形象，追求城市的时尚元素。在皮肤保养上，他们希望像城里人一样“白嫩细腻”，而不是“黝黑，长满老茧”。城市里的一切是消费文化与视觉文化的相互融合，初来乍到的农民工会因与精致的城市环境格格不入而受到打量。除了自身的改造，新生代农民工也受到职业规训。在工厂中，打工妹的身体是“生产的身体”，其外在形象不在资方的管理范围内。但是在服务行业，新生代农民工的身体不仅是“生产的身体”，还是“被消费的身体”（王宁、严霞，2011）。从事服务行业的劳动者直接服务顾客，而顾客会根据劳动者的穿着打扮、身体动作、表情仪态等来评价所享受到的服务质量。

不同行业的不同规范意味着新生代农民工不仅要接受“劳动规训”，还要接受“形象规训”。他们的身体装扮、举手投足、表情姿态等都是被管理的对象。在服务行业，顾客消费的不仅是商品，还有服务（包括服务环境与服务人员的外在形象）。因此，他们的身体装扮必须符合职业要求。

在某连锁酒店工作的小光描述道：“我们酒店规定，员工在工作时要穿工作服，尤其是（要保持）领子和袖口干净。员工在工作时要穿皮鞋，要保持皮鞋的干净和光亮。员工要持淡妆上岗，严禁浓妆艳抹，不能披头散发，不留长指甲。要求员工与客人交谈时保持微笑，目光柔和地正视对方的眼睛。酒店还对员工的站姿、坐姿、行姿、手势等做了很多规定，凡是违反规定的都要被罚款。”（访谈编号：ZGL－F－26）在服务业生产空间中，员工所从事的并非简单的体力劳动，而是包含了“情感劳动”“互动性劳动”等性质的多重劳动。顾客消费的除了直接服务，还包括对服务员的形象、意识、情绪、态度等元素的感知和体验。当然，从事工业和服务业的新生代农民工在不同劳动强度下的工作时间和工作自由度不同，他们对闲暇时间的支配方式也不同，这些因素都会影响他们外出购物的频率和身体塑造状况。

二、休闲与交往中的社会化身体建构

在生活空间中，新生代农民工的身体装扮与城市本地人并没有明显的差异。他们在进入城市的消费、娱乐空间时，会十分注重自己的装扮。小林是一名工地的基层管理者，初次见面时，他穿着一件灰色的衣服，头发上沾满工地的灰尘，皮鞋也有磨损、掉漆的痕迹。在第二次约见时，他穿着休闲时尚、干净利索，仿佛换了一个人。他表示："这个（穿着）也不是很绝对，我们在工地整天干活，就不能穿好衣服，会被糟蹋，一般就穿老家带来的衣服。但是出去就不一样了，总要穿得好一点，形象还是很重要的。我这都是去年在商场里买的。"（访谈编号：LYN－M－27）课题组在调研中发现，小林的情况并不是个例，很多摆地摊的小贩、在食堂做饭的厨师、餐厅的服务员都有类似的情况。他们通过对身体的整饰，希冀至少在休闲、娱乐场所时"更像一个城里人"，以更好地融入当地生活。

部分新生代农民工在生活场域中的身体消费实践则是为了满足社会交往的需求。小刚是一位经营商店的小老板，这几年生意做得不错。从外表上看，小王是一位比较追求时尚的人，在 H 大学附近小有名气。在谈到自己的日常衣着时，他认为："工作的时候和平时出去是不一样的，工作的时候要（穿得）方便干活，但是出去的话，我会把自己打扮得休闲时尚一点，还是要有点品位。像我从事的工作，是要和外面的一些朋友打交道，穿得好一点对交朋友、做生意也是有帮助的。"（访谈编号：MG－M－28）在职业和生活的两极之间，身体已经成为一种象征符号，它既是规训权力的承受载体，也是社会交往的文化资本。

当然，新生代农民工的身体消费除了受到同辈群体和生活空间的影响，还受到时间和活动区域的限制。这种消费活动一般发生在休闲娱乐相较农村而言更加悠闲自在的时候。城市是快速运转的社会场域，时间和空间都受到资本的严格控制。普遍来讲，新生代农民工的工作日时间很长，多数是单休或者轮休，加上日常工作辛苦，他们在休息日也不愿去较远的地方游玩，一般在居住地附近活动。而大城市的娱乐消费场所处处都要花钱，这也使他们的休闲娱乐方式多以逛街为主。对农民工而言，他们在城市的状态与其说是“生活”，不如说是“生存”（李伟东，2006）。

三、自我发展定位与区别化身体表征

从空间来看，新生代农民工进入的是一个有别于乡村的城市社会，其职业发展、生活习惯、交往规则、休闲方式等都有了较大变化。身体形象的改造是他们试图融入城市环境的第一步实践，是在环境迫使下积极主动的身体消费实践。新生代农民工不甘做城市的“过客”，试图改变老一代农民工在城市里打工、回乡消费的模式，他们希望获得更多的城市认可和社会身份，试图通过消费这一途径获得在城市中的生活体验和身份体验。

研究发现，那些未婚的新生代农民工更倾向于投资自己，支出占收入的比重更高，相比已婚的新生代农民工要照顾家庭和孩子，这部分人对于留在城市表现出了更高的积极性，且对应有更多的消费实践。从广义上讲，城市农民工的市民化，除了合法权利的获得，还包括价值观、身份认同等的获得。新生代农民工的消费方式存在内部异质性，主要表现为市民化意愿较高的群体容易冲动消费、超前消费占比较高，在购物时越来越重视品牌因素。市民化意愿较低的群体更愿意计划性消费，对超前消费的接受程度越低，在购物时就会越重视实用性。概言之，新生代农民工的市民化意愿对其消费行为有显著影响，市民化意愿越高的新生代农民工，其消费观念受到城市居民的影响就更多，消费行为也就越接近城市居民；市民化意愿越低的新生代农民工，更多地沿袭了父辈传统保守的消费观念，其消费行为更类似农村居民（黄鹭、冯源，2016）。

新生代农民工初入城市，想留在城市成为城里人，就要先做到“看起来像城里人”，也就是通过身体消费来改造自己，但是想通过消费的方式实现市民化还有很多方面需要注意。新生代农民工的消费支出集中在食品与服饰，而文教娱乐的占比较低。有学者从“日常仪式”的角度提出了新生代农民工在城市融入过程中出现的日常仪式的中断与重构（汪国华，2010）。但新生代农民工在城市社会中能维持和改造的就是日常生活仪式中的着装，即外在形态的改变与重塑。

在旅游、学习、培训等文教娱乐方面，新生代农民工的消费较少。《2017 年全国农民工监测调查报告》显示，进城农民工在业余时间主要是看电视、上网和休息，占比分别为 40.7%、35.6%和 28.4%。其中，选择看电视和休息的比重分别比上年下降 5.1 和 0.7 个百分点，选择上网的比重比上年提高 1.9 个百分点。选择参加文娱体育活动、读书看报的比重分别为 5.3%和 3.6%，分别比上年下降 1.0 和 0.1 个百分点；选择参加学习培训的比重为 1.9%，比上年提高 0.6 个百分点。从某种程度上来看，新生代农民工对自我发展的定位会影响他们在城市里的消费行为，不仅偏向市民化的消费模式，而且在消费结构上也会增加对自己的投资，比如，在服饰的选择上更看重质量、品牌与款式，在学习培训方面更侧重知识技能和学习能力的提升。但对于那些打算回乡的新生代农民工来说，城市环境给他们的消费行为带来了广泛而短暂的影响。

第三节　技术与传媒的立体渲染

一、科技发展与身体可塑性的强化

科技的发展，尤其是医学技术的进步，使整容成了重塑身体的一个选项。而且，身体所能改造的范围越来越大，从最早仅限于面部，到如今的“可塑身体”(Bordo，1999)。整容在中国之所以能流行，首先在于医学技术的发展使整容技术越来越触手可及，这不仅体现在医疗技术进步、手术风险降低、医疗机构和医生等资源日益增多，也体现在这一医学手段开始慢慢向大众开放，不再限于名流(方静文，2016)。现在的微整形已经慢慢普及为一项如同美容护肤一样的技术，像割双眼皮、开眼角、垫鼻子等这些微整形在大部分美容院就可以完成。

鲍德里亚认为，在消费社会，身体成为一种表现的符号，与一般的物质没有实质区别。消费社会的发达建立在经济飞速发展的基础上，物质条件的满足使人们将目光更多地放在了自我的身体上。消费社会的运行不断刺激人们的消费欲望，各种媒体和广告在经济效益的驱动下不断“鼓吹”整容带给人们的好处，当人们的消费欲望不断被刺激，整容实践便成为一种基于消费需要的必然选择，也可以说是消费社会的产物。人本来是消费的主体，但在消费社会中却变成了消费这一行为作用下的客体，消费主义让人们在欲望中迷失，消费者不再受到理性的控制，进而沦为消费市场的“奴仆”。人们从整容医院购买整容服务，通过整容手术的消费达到变美的目的。个体虽然购买了服务，但是在整容手术中接受整容的身体也就成为身体消费的客体。

身体改造技术不断发展并被普遍化和标准化运用。毛斯(2003：301)

认为，身体技术是人们在不同的社会中，根据传统了解使用自身身体的各种方式。在当代，消费文化确立理想的身体形象后，运用各种标准化的技术改造身体、维护身体和保养身体，以塑造出符合现代社会需求的身体形象，如护肤、化妆、整容、养生、健身等。在工厂上班的小万平常比较忙，他利用周末时间到健身房锻炼："我以前也不怎么锻炼，现在觉得应该注意身体。那天，我看到了健身房的宣传广告，就和几个朋友一起来了。我有点重，身上的赘肉比较多，还有轻度的脂肪浸润。他们说在这里锻炼一个周期，这些问题就会得到改善。要是有时间，我还想去美容，因为最近熬夜太多，气色不好。"（访谈编号：WYZ－M－29）访谈中提到的去健身房锻炼其实是现代都市社会一种典型的身体改造机制，它和大众传媒一起不断向人们渲染重塑身体、改变自我的消费诱导和符号建构，并将健身塑造成一种看似自发的意识，从而创造了巨大的消费需求和消费市场。

二、大众媒体的消费诱导和示范效应

一般来说，消费者的消费行为受到周围人消费水平的影响。但在信息流动的现代社会，这种示范效应也存在于大众媒体营造的社会环境中。层出不穷的"爆款"给人们营造出一种"别人都有了、都买了，我不买就会落伍"的氛围。尤其是如今的人们倾向于在社交账号上展示自己的生活，看别人在社交账号上"晒"了什么，以及各种"种草帖"等。2017 年，国际环保组织绿色和平发布了一份聚焦中国主要城市消费观念与行为的调查研究报告。绿色和平委托国际市场调查机构，在中国 14 个一、二线城市抽样访问了 1 800 位年龄在 20～45 岁的人。报告结果显示：中国消费者购物过剩现象突出，"社交购物模式"是重要的推动因素之一。"社交购物模式"成为新常态，社交网络和电商平台结合是主要因素。82％的受访者表示，看到别人穿好看的衣服，自己也想买一件；72％的受访者表示，社交网络上的穿搭文会引发自己的购买欲望；49%的受访者表示，会因为偶像代言而冲动购买一些不需要或不合适的东西。

当今社会，身体在大众文化与社会生活中的重要性越发凸显。电视、网络、报纸等大众传媒通过选美、健身、养生等节目，向人们大肆宣扬消费文化所倡导的生活方式，尤其是竭力倡导对身体的维护和保养，并将身体建构转换成意义丰富的价值体系。在这种情境下，青春靓丽、高挑白皙、时髦前卫一时成为理想的身体形象标准，也成为享有社会身份、社会地位与生活品质的象征。在消费文化的熏陶下，新生代农民工既能时刻感受到自己的身体形象与这个标准身体之间有差距，又能逐渐通过不断地自我改造和重塑来缩小这种差距，从而激发自身的消费欲望，产生消费行为。小萍是某制衣厂的员工，她来到上海已经有七年的时间，当被问及这七年自己形象的变化时，她说道："（我）以前不怎么在意自己的打扮，但是现在看到电视里的广告也会比较注意，会参照电视、杂志里的介绍把自己打扮得稍微洋气一点。打扮后，整个人精神了很多。虽然买不起那些名牌的衣服，但在同事中我还是属于比较舍得为自己花钱的。女人就要对自己好一点，挣钱就是用来花的。"（访谈编号：ZP－F－30）这其实代表了现在新生代农民工群体的普遍特性，他们既努力赚钱，又懂得享受生活，更懂得如何消费。在身体形象的改变过程中，他们的生活理念和价值得到了新的诠释，自我发展和社会体系之间的相互渗透也日益显著地表现出来。

三、消费工具升级与消费限制弱化

新生代农民工受限于休息时间较少、收入较低，网络购物是满足他们消费需求的重要途径，他们用较少的时间、较低的价格就可以买到新潮的商品。而且，快递物流行业的发展，以及便捷的支付方式也给网络购物的发展提供了支持。2005 年以来，我国第三方支付行业的发展呈现爆发性增长态势。

从前人们的支付方式主要为现金，因此在外出时需要随时携带现金，但现金的携带数量是有限的，于是消费欲望就相应受到了限制。但是，在银行卡和第三方支付快速发展的今天，这一问题得到了很好的解决。一方面，人们可以通过刷银行卡或者手机支付等丰富的支付手段打破现金对消费的限制；另一方面，信用卡在我国实现了普及，带来了新的消费观念和方式。传统的中国人喜欢先储蓄后消费，而信用卡的推广使人们可以“花明天的钱，圆今天的梦”，这种消费观念已经愈发被大众接纳。

当前，科学技术的发展突破了以往对消费的限制，使超前消费成为可能。作为互联网金融的一部分，支付门槛低、具有灵活性的第三方支付受到了大众的喜爱。如“蚂蚁金服”依托阿里电商平台和支付宝，推出了消费分期的“蚂蚁花呗”和小额取现的“蚂蚁借呗”两款消费金融的主力产品。每位支付宝用户都可以申请开通“蚂蚁花呗”。“蚂蚁金服”基于自身的算法逻辑和用户在阿里生态圈的教育数据，授予申请人信用额度，用于消费者分期网购商品。如果在网购时，商品价格在新生代农民工可承担的范围内，他们会倾向于使用“蚂蚁花呗”这类产品来满足自己当下的消费欲望。由此可见，科学技术的发展首先促进了商品的大批量生产，不同阶层的人被纳入消费范畴。新生代农民工在大众传媒的渲染下，激发出了更多的消费欲望，加上更加高效、便捷的支付方式进一步释放了消费行为，多样化、自主化的消费选择成为可能。

第七章　身体实践的社会表征与文化意蕴

身体消费实践是新生代农民工城市体验最直观的体现，是最自主的表达（郑欣、章译文，2016），是新生代农民工进入城市学习新角色的客观需要，是新生代农民工继续社会化的过程表现。新生代农民工“去乡土性”的身体建构隐含着他们对城乡二元身体界限和结构性不平等的回应，同时，新生代农民工从中获得“城市性”，提升了自身的身体资本并以“示同”和“示差”的方式实现“消费式”融入。但是，新生代农民工的身体消费实践也是以城市审美标准为主导的身体美学规训下的产物，进而影响了他们的身份认同。在一定程度上，新生代农民工群体是城市消费空间的“新穷人”，其身体建构过程遭受着物质和精神的双层剥夺，并容易产生阶层分化。

第一节　身体重塑：城市适应的直接展现

对于新生代农民工来说，城市社会是一个新的社会空间。已经习惯了农村生活方式和行为规范的他们在进入城市之初，难免会遇到迷茫和挑战。此时，他们需要学习城市社会的行为方式和价值准则，以更好地适应新的社会环境。

一、新社会空间中的继续社会化

虽然社会化是贯穿于人生始终的长期过程，但在生命早期阶段所完成的初级社会化使人格已大致形成，基本完成了从"自然人"或"生物人"向"社会人"的转变过程。由于在某些情况下，人们已习得的行为方式和价值标准无法适应变化的环境，个体有必要继续社会化。现代社会处于急速发展阶段，在这个快节奏的社会里，新知识、新技术不断涌现，社会发展日新月异。人们只有不断学习，才能赶上变化的社会步伐，才能适应社会发展的需要。因此，继续社会化是现代社会发展的基本要求。

随着我国农民工数量的不断增加，并且农民工群体结构也出现代际变化，"80后""90后"新生代农民工成为这一群体的主体。区别于第一代农民工，新生代农民工表现出年龄小、受教育水平高、留城意愿强等特点。但是，进城务工不只是简单地从农村村落迁移到城市社区，也是现代意义上的"文化移民"，是他们的价值观念、文化倾向和行为模式从传统走向现代的过程(朱力，2002)。虽然新生代农民工更容易理解和接受城市社会的行为规范和价值准则，但作为城市的"外来者"和"新移民"，他们同样不得不面对与农村截然不同的生活环境。为了适应新环境，他们必须扮演新角色，继续社会化。新生代农民工如何从一个熟人社会到一个陌生人社会生存和发展，如何适应新环境、新的职业、新的生活等，这些都是他们继续社会化所要面对的问题（朱虹，2004）。无论他们融入城市的意愿如何，首先面临的都是对城市文化和城市生活的认知与适应。这就是这一群体所要面对的继续社会化。

二、继续社会化中的身体建构

对于新生代农民工来说，他们需要以城市的生活方式为参照，来改变之前的生活方式。他们初次进入城市，经常会有强烈的不适应感，他们对周围的城市环境感到陌生，甚至恐惧。为消除陌生感与恐惧感，新生代农民工总是小心翼翼地“行动着”，以免与城市的行为规范发生“脱轨”。客观的城市环境要求新生代农民工继续社会化，城市的行为规范与价值准则的渗透和影响在新生代农民工的继续社会化过程中发挥着关键的作用。从某种意义上来看，新生代农民工的继续社会化首先表现为身体装扮向城里人看齐，其次是对城市思想观念和文化的适应。因为对外在身体的改造是最直观的体现，是显而易见的。

身体被视为一个在出生时尚处于“未完成”状态，后又经历个体一生不断变化发展的实体（希林，2010：96）。城市社会有一套特定的行为方式和价值标准：追求开放、时尚、性感、个性化与标新立异，追求生活的品质和质量，个体乐于对自己进行各种投资，包括外在的身体消费和内在的教育文化投资。对于新生代农民工来说，由于他们时间和精力有限，为了完成继续社会化，他们首先选择将自己打扮成一个像“城里人”的人。因为，身体不仅是一个生命的载体，更是向外界传递身份、地位等信息的载体。新生代农民工对自身的身体消费实践是其为了继续社会化而采取的主动性选择策略。

如前所述，新生代农民工在继续社会化过程中的身体消费实践主要包括如下几个方面：第一，美容护肤与面部保养。新生代农民工通过护肤、化妆和美容来改变自身的形象。第二，衣着服饰消费。新生代农民工在刚进入城市时，便发现自己的衣着打扮与时尚、性感、个性化的现代化城市格格不入。因此，他们在进行角色学习的过程中开始注重服饰的款式与时尚搭配。第三，形体消费。在农村地区，女性体型健硕、力气大更受欢迎，因为这符合干农活的体力要求。然而，城市自有一套不同于农村社会关于女性理想身体的标准——“以瘦为美”。

新生代农民工通过身体消费实践，构建对城市行为规范和社会结构的认可与遵守。他们在继续社会化的过程中，不断审视自己的身体，力求自己的身体装扮风格接近城里人，并在此过程中不断内化城市社会的各项行为标准。这一群体通过“看得见”的身体消费实践，如注重服饰的款式，通过化妆、美容、美甲、美发等形式来改变“土气”，在向城市社会靠近的过程中完成继续社会化，进而实现角色、身份的转变。

第二节　“消费式”融入：城市性的获得与身份认同

一般认为，老一代农民工属于“经济型”务工群体，他们外出务工的主要目的是让家人过上好的生活，让子女有更好的受教育机会，因此他们通常选择在城市务工，然后回老家消费。相比较而言，新生代农民工的生活方式具有现代城里人的特征。新生代农民工的年龄通常较小、未婚，没有老一代农民工需要赡养父母和供养子女的经济压力，他们不仅追求更高的经济收入，也更注重个人的发展和生活体验，他们是“发展型”农民工。

然而，由于户籍制度的壁垒，新生代农民工只好通过对自身身体资本的挖掘、借用和身体的城市化，去建构自己的城市生活世界，并适应城市生活及其要求(朱虹，2008)。这种刚性的结构性约束无法阻止新生代农民工在身体消费方面的突围(杨发祥、周贤润，2015)，他们不断通过对皮肤、服饰、发型、体型、身体姿态等方面的消费实践塑造身体的城市性，进而通过身体消费的"示同"和"示差"构建城市身份认同，最终实现"消费式"融入。

一、时髦的身体：身体资本的挖掘与城市性的获得

长期以来，由于城乡二元结构的区隔，城市居民和农村村民的身体图式呈现出较大的差异，身体具有明显的城乡界限，作为符号价值载体的身体呈现"二元化"趋势。相比于城里人，老一代农民工的身体交换价值经常遭受贬低，而对于新生代农民工群体来说，他们渴望获得城里人的身份，他们在外表、穿着方面已经和城里人没有本质上的差异，他们通过从农村人形象向城市化形象的转变过程，完成了身体的诠释。课题组在调查中发现，大多数受访者都认为，他们可以通过身体消费实践获得身体认同，进而可以将低价值的身体资本转换成经济资本、文化资本和社会资本。在新生代农民工看来，一个具有城市性的身体不但有助于他们找到一份体面的工作，在职业生涯中获得晋升，也有助于拓展社会交往范围和重建生活世界。通常，他们在身体塑造后会更积极、更有信心与人打交道，进而融入城市生活。

国外较早提出并对"城市性"概念进行界定的学者是美国社会学家沃思(Wrtih)。他在1938年发表的论文《作为生活方式的城市性》中，首次系统地建构了"城市性"理论的概念、指标和体系。沃思认为"城市性"是城市特有的生活方式，是城市化进程中城乡分离的产物，反映了城市环境下所形成的不同于农村社会的新的价值观念、社会心理、人际关系和生活

模式(顾朝林、刘佳燕,2013)。城市性的第一个层面通过流水线生产的规则铭刻到具有乡土性的身体上(马伟杰,2006)。新生代农民工自从进入城市便开始了对其身体镜像城市性的打造工程,即他们以城里人的审美标准对自己的身体进行控制和装扮。要使身体具有城市性,新生代农民工必须从皮肤、服饰、体型、姿态等最具外显性的方面以城里人为参照对象,从而摆脱乡土性的烙印,努力达到城市的审美标准。具体来说,新生代农民工会购买和使用化妆品来遮掩原本黝黑粗糙的肤色,会穿时尚潮流的服装和高跟鞋、戴墨镜,或者通过健身形塑苗条纤细的身体形象等。

由此可见,身体是"城市性"建构的镜像,也是一种自我塑造和认同表达。对具有符号价值载体的身体进行管理成为新生代农民工获得城市性的核心,他们在身体装扮上以城市文化为参照,将具有乡土气息的农村身体打造成时髦的身体,进而获得具有城市性的身体与认同。这成为他们努力融入城市、积累身体资本和建构身份认同的消费实践逻辑和出发点。

二、"示同"与"示差":身份认同与城市适应的建构方式

作为融入城市的实践模式之一,"消费式"融入是新生代农民工为应对外部环境变化所做出的主动调试和改变。城市融入与适应,就其过程性而言,并非一个被动的、生硬的、质的突变,而是充满主体性、流动性、循序渐进的量变式积累(郑欣、章译文,2016)。

随着消费文化影响的不断深入,消费行为具备了构建身份认同、产生社会差异、制造社会区隔的功能。在现代社会中,人们决定自己身份归属的依据不再是自身,而是那些被认为能够表现群体身份特征的商品。对于新生代农民工来说,身体不仅是一个"拥有"的物理实体,更是一次行动、一种实践模式(吉登斯,1998:111)。在城市空间这个大舞台上,新生

代农民工利用具有符号价值的商品作为装饰身体的道具，通过身体消费实践而给城里人留下好印象，身体消费实践成为新生代农民工构建身份认同、融入城市生活的基本途径和策略。新生代农民工这种“消费式”融入是通过“示同”与“示差”两种作用方式来实现的，“示同”与“示差”是一个过程的两个方面。在消费行为中，“示同”是个体通过消费展示特定的属性和特征，从而趋同于某一群体的成员，以获得他者认同和自我认同；“示差”则是个体通过消费展示自身与另一群体成员的差异性，以达到脱离该群体成员身份的作用。这表明，“示同”与“示差”是同时存在的一体两面，向一个群体“示同”的过程也就是向其他群体“示差”的过程（马中红，2014）。这种“示同”和“示差”的过程是新生代农民工在城市空间中寻求身份认同与融入的重要手段。

以“示同”亲近城里人，构建城市认同。模仿城里人的打扮、穿着，改变乡土特质的外在形象，是新生代农民工融入城市的第一步。课题组在研究中发现，新生代农民工接近城里人的首要途径就是重塑身体形象、去乡土性，通过身体消费实践获得身体的城市性。新生代农民工群体从传统的乡土社会进入现代化的大都市之后，便开始在日常生活实践中不断通过最具外显性的身体消费实践来构建城市身份，以获得融入城市的机会。这一过程表现为新生代农民工与城里人在身体特征上的趋同，这是他们获得他者（城里人）认同和自身认同的重要方式。新生代农民工通过模仿城市文化所要求的消费，将自身打造成一个具有城市性的、时髦的身体形象，便是他们与城里人“示同”的过程。

以“示差”区别农村人，弱化乡土认同。身体图式的城乡差异性构成了新生代农民工融入城市最直接的障碍，进入城市的新生代农民工都极力想摆脱城里人对其身份的歧视和偏见。因此，新生代农民工便积极地通过护肤、化妆的脸部消费，穿着时尚的服装、戴着时尚的配饰，医学美容、整形、美甲、美发、健身、塑身等，来对自己的外在身体形象进行改造，由此改变城乡身体差异图式，进而摆脱异样的农村身份，展现出与其本身不同的身体特征。通过身体图式的改变，新生代农民工使自己开始区别于农村老家的其他人，弱化自身对于家乡的认同感和归属感，这就是他们通过身体消费进而"示差"的过程。

消费是构建身份认同的方式、手段，通过展示消费行为，人们能够实现将自己归属于某一社会身份群体的目标。城市生活是新生代农民工向往和憧憬的，他们渴望融入城市，获得城市认同。然而，受当前城乡二元结构的影响，新生代农民工更多地通过学习城里人的生活方式和审美标准，对自身形象进行消费式装扮，努力使自己趋同于城里人的同时脱离农村人。因此，我们可以看到，身体建构既是一种自我塑造和认同表达，也是"城市性"建构的镜像。新生代农民工以身体消费的"示同"和"示差"两种作用方式，寻求城市空间的"消费式"融入。

第三节　城乡差异与不平等的应对

长期以来，城市居民与农村居民之间存在着身份和社会地位的不平等，城乡差距随着社会的发展不仅没有缩小，反而有进一步扩大的趋势。相比于老一代农民工，新生代农民工群体不同于他们的父辈对城里人采取的疏离态度，他们在进行着更自觉、主动和积极的行为。

一、身体界限：城乡二元结构的映射

身体是社会记忆的载体，也是一个时代的历史缩影。因此，对身体的消费和装扮往往可以体现出一个时代的特征。计划经济时期，人们的消

费和装扮具有明显的“一元化”特征，这种“一元化”特征弱化了群体边界和身份差别。自改革开放以来，身体的“一元化”特征逐渐被弱化。款式多样的服饰、时尚的发型，以及美容整形技术的出现，使人们对自己的身体具有了更大的自由选择空间。身体具有明显的城乡界限，作为象征载体的身体出现“二元化”趋势。改革开放40多年以来，由于历史、制度等结构性因素的作用，城市和农村依然是两个不同层次的空间，城市居民与农村居民之间的社会身份和地位仍然存在一定的疏离，这种城乡二元结构也体现在不同群体的身体上。

中国的乡土社会是在农耕经济的基础上形成的，“日出而作，日入而息”构成了农村乡土生活的典型图景。传统农业社会的乡土气息不仅扎根于农民的思想意识、价值观念中，更外显于他们的身体气质上。在传统社会，人们非常容易从身体形象上辨识、区分农村居民与城市居民：农村居民通常皮肤黝黑、粗糙，身体健硕、穿着简朴，流露出一种“乡气”“土气”；城市居民则大多肤色白皙、着装体面，以瘦为美，打扮得比较“洋气”，从头到脚穿戴整齐。这种“身体界限”在“离乡不离土”的老一代农民工身上表现得尤为明显(郑欣、章译文，2016)。虽然相比于老一代农民工，新生代农民工的传统性渐渐弱化，各方面均表现出更具现代化的特征，如在衣着、打扮、语言与行为模式上努力向城里人靠拢，但这种身体的二元化趋势依然存在着隐形的痕迹，“身体界限”依然积聚着城乡间的不平等性和差异性，不同的身体特征能反映不同群体在社会中形成的关系样态。

二、“去乡土性”的身体消费

新生代农民工在城市空间主动学习城市的行为规范，重塑个体的身份地位。如今，消费行为不再由“阶层”这一单一因素限制，消费行为成为一种隐性的力量，作用于身份的表达和阶层的流动，成为个体和群体对不平等的回应。

新生代农民工有着不同于老一代农民工的消费观念和消费方式，这个群体正通过各种形式和手段践行着城市居民的消费和生活方式。“去乡土性”的身体装扮，具体来说包含护肤、化妆的面部消费，穿着时尚的服装、戴着时尚的配饰，医学美容、整形、美甲、美发、健身等。这是新生代农民工最为直观的城市身体体验和生存实践，是他们进行自主选择和自我建构的过程体现。作为一种“资本”，身体消费表征新生代农民工群体对身份和不平等社会地位的隐性抗拒（郑欣、章译文，2016）。相比于他们的父辈采取的疏离态度，新生代农民工更自觉主动地进行抗争。他们通过购买正牌的或高仿的名牌服饰、包包，使用化妆品对脸部进行美化，以及染发、烫发、美容、美甲等手段，努力将自己从“生产主体”打造成在消费领域自由、平等的“消费主体”（余晓敏、潘毅，2008）。通过学习城市居民的身体装扮，新生代农民工努力地塑造着身体的城市性，不断对外露的传统乡土气息进行时尚、现代化的改造，不断赋予身体外在的城市性和现代性，这种“去乡土性”的身体装扮所呈现的作用是具体的、直观的。

消费者不仅是盲从者，还是具有创造性的回应者。我们身处的社会是一个被“符号”控制的社会，是一个彻底“异化”的社会。城市中具有文化资本的中产阶层成为影响和主导“草根”群体的消费榜样，衍生出反符号霸权的另类消费模式。山寨消费是中层、底层消费者反抗的方式。新生代农民工是城市底层消费者中的一员，他们渴望得到城市社会的认可，不断地追求向上流动，但由于他们大多从事技术含量低的工作，所以经济收入水平有限。因此，山寨消费成为管理和整饰身体的一种可行策略（焦若水，2014）。在受访者中，个别新生代农民工会选择在网络购物平台上购买仿冒的名牌服饰、包包等来装扮具有乡土气息的身体。新生代农民工群体的这种身体消费观念难免包含着他们作为底层消费者偏向消费价格便宜的商品或者“傍”名牌的消费心理。但更深层次的原因是，这是新生代农民工对消费符号的借用，即以此来消解附着在消费不平等现象之上的权力关系，进而反抗消费社会中的符号虚伪与霸权（焦若水，2014）。

从某种意义上看，装扮“去乡土性”的身体，长期以来是最有意义和最有效的。因为它与新生代农民工群体的特点更契合——受教育水平相对较高，对城市的生活方式和价值观念具有更强的适应力，对城市的认同感更强，以及与农村家庭的经济联系较弱等。新生代农民工对城市的向往与憧憬比父辈更执着，因而表现出强烈的主体意识和行为选择。

第四节　身体审美陷阱与身份认同焦虑

人与人之间的相似性与差异性是彼此相互区分的凭据，人们也由此归属于不同的群体，建构相应的认同。新生代农民工出于对自我认同的恐慌，以及社会对身体美学霸权的渲染，在进入陌生城市时，他们便参照城里人的审美标准对自身进行城市化改造，通过模仿对原有身体进行装扮和整饰，以标准化和普遍化的方式塑造身体的城市性特征。新生代农民工对城市身体形象的模仿和塑造，其实质是城市审美对身体的暴力和压制。其身体消费行为是身份认同的外显化，受限于各种结构性因素，他们往往采取“两栖消费”策略，从而在身份认同上表现出在城里人与乡下人之间来回游走的特点。新生代农民工的身份认同变得模糊且具有不确定性，进而出现身份认同焦虑，成为一个既不属于城市，又不属于农村的“双重边缘人”，最严重的是形成“游民化”的社会认同，游离于主流社会之外。

一、审美陷阱：身体消费实践中的技术压制与暴力

新生代农民工从传统的乡土社会进入城市空间，这不是一个简单的物理位置的移动过程。在进入城市空间之后，他们首先面临的一个难题就是城乡之间身体图式的差异。因此，他们被迫开始关注自己的身体，并以城里人的审美标准对自身进行城市化改造，通过模仿对原有身体进行装扮和整饰，最终形成了一种普遍的符合城市审美标准的身体镜像。从某种意义上说，这种城市身体美学隐喻着身份符号的生产过程，它们是大众传媒施加在个体身上的，而大众传媒又进一步引发个体对自我身体认同的恐慌。一直以来，对农民工的"污名化"现象在城市里普遍存在着，对农民工的刻板印象造成了新生代农民工对自我认同的恐慌。而现代社会中，大众传媒对农民工群体刻板印象的形成与传播更是发挥着重要作用。新生代农民工为了弥补身体的局部"缺陷"，会按照城里人的审美标准来改造自己的身体。在这种情况下，他们的身体成为可以被任意切割和重组的对象，身体的各个部分作为单独的符号被重新生产和赋予意义（黄寒冰，2018）。

具有"城市性"的身体美学，导致新生代农民工盲目地追求城市的身体消费实践方式。新生代农民工在大众传媒的"鼓励"下，像完成艺术品一样去雕刻和装扮自己的身体，以达到城里人的审美要求，但他们的身体却在审美泛化的庇护下沦为美学暴力下的献祭品（李华林、刘敏、李天道，2007）。然而，"好看"的皮囊千篇一律，以城里人的审美标准对自身进行改造，其实质并非出于新生代农民工的自我意愿，而是在外部环境影响下的异化的身体审美。

此外，与舒斯特曼所崇尚的对身体进行"内外兼修"的理念不同，在新生代农民工的身体消费实践中，他们对城市性身体镜像的追求与模仿主

要表现在外在身体装扮和整饰上。他们从穿着、化妆、染发、美甲、文身、整形等不同方面，不断对自己的身体进行改造。新生代农民工对呈现与城里人相似的身体的渴望远远超出老一代农民工群体(李雷，2014：35)。

二、认同焦虑："两栖消费"中的存在性差异与冲突体验

希林(Shilling)认为，在现代社会中，我们具备了手段，能够对身体实施前所未有的控制，身体正越来越成为一种包含诸多选择机会和选择权利的现象，并且社会的发展提升了许多人控制自己身体的能力，但也加剧了他们受别人控制的可能性。那些想在城市扎根立足的新生代农民工便从改造自身的身体形象入手，在护肤、化妆、美容、整形、美发、美甲、健身、穿衣打扮等身体消费上花费了大量的时间和金钱，以寻求"示同"城里人，构建城市认同，同时"示差"农村人，弱化乡土认同。然而我们可以看到，受限于收入水平低、教育程度低，以及户籍制度等结构性因素的限制，新生代农民工往往采取"两栖消费"策略。

"两栖消费"策略导致新生代农民工群体的身份认同也具有两栖性，即"两栖认同"。需要指出的是，"两栖认同"无法为新生代农民工群体构建完整的城市身份认同。"两栖消费"模式之下，他们与城市的关系只是表面和谐，实际并未真正获得城市的认同。甚至在他们努力缩减其他开支，试图通过最具外显性的身体消费来与过去具有传统乡土气息的农村身体形象进行区隔，并以城里人的形象出现时，他们光鲜亮丽的穿着在城里人眼里却是赤裸裸地、蹩脚地刻意模仿和表达，无法获得应有的尊重(吕春霖，2016)。因此，新生代农民工采取的"两栖消费"策略只是让他们拥有一副现代性的身体躯壳，其结果却是不断模糊了个体的身份认同。

由于缺乏与城里人的互动和交往，新生代农民工始终无法真正融入城市生活，这使他们经常产生身份认同焦虑。一方面，他们与农村老家的

环境已经慢慢产生隔阂；另一方面，他们又无法在城市空间中获得城里人的认同和接纳，从而游离于两种空间之外，最后导致自身的身份存在模糊性和不确定性。可以说，新生代农民工的身体消费实践模式使他们自己成为一个既不属于城市，又不属于农村的“双重边缘人”。

第五节　消费空间的“新穷人”与阶层分化的显性化

为了缩小自身与城里人的差距，新生代农民工从刚进入城市便遵循城里人的审美标准，以生成具有城市性的身体镜像。面对城市社会中的各种消费诱惑，新生代农民工正遭受物质和精神层面的双重剥夺，逐渐沦为城市消费空间的“新穷人”。不同阶层具有不同的消费品位，人们不仅通过消费行为来展现与其他阶层的差异，也借助消费活动来接近其实并不属于自己的群体。新生代农民工借用城里人的符号价值以构建身份认同，但在这个过程中，他们倾向于在同类群体间进行资源共享，互相帮助，进而不断强化阶层意识，产生阶层分化。

一、双重剥夺：消费空间的“新穷人”

在当前消费社会，生产的重要性相对降低，而消费的重要性获得提升。而且，人们更多注重商品所附带的符号价值而非使用价值。随着国家逐渐步入消费社会，一个群体——新穷人——产生了。“新穷人”这一概念是由英国社会学家鲍曼（Bauman）提出的，他认为，“新穷人”已不再是马克思所说的无产者（不占有生产资料），而是消费社会与消费文化的伴生物（汪晖，2014）。其中的穷不仅包括“物质匮乏”和“身体的痛苦”，还包括被排除在正常生活之外的状况。在这个意义上,新生代农民工也可能成为消费社会的"新穷人"。他们是生活在城市,既回不了家乡,又不能拥有与城市居民平等的地位的群体(汪晖,2014)。面对城市社会中的各种消费诱惑,新生代农民工感受到了自身物质消费能力的不足和精神上的贫困。简言之,新生代农民工是遭受物质和精神双重剥削的城市消费空间里的"新穷人"。

为了缩小自身与城里人的差距,或者至少在身体外在形象上与城里人无本质差异,新生代农民工从刚进入城市便遵循城里人的审美标准,以生成具有城市性的身体镜像。为了弥合自我期待与无情现实之间的巨大鸿沟,他们努力以有限的经济收入支撑起光鲜亮丽的"城市身体形象"。然而,我们看到的是城市身体美学霸权之下,新生代农民工一步步沦为城市消费空间里的"新穷人"。在有限的支付能力和无限膨胀的消费欲望的双重挤压下,新生代农民工往往会缩减一些不具有外显性的消费开支,比如,他们会将食物、生活用品等方面的开支省下来,用于购买化妆品和名牌衣服、包包,以暂时消除在城市空间里的焦虑和不安。其结果就是新生代农民工成为"月光族",甚至有的人学会了超前消费。因而,他们是城市空间里外表光鲜亮丽的"新穷人"。一方面,通过身体消费实践,"新穷人"在精神上得到了暂时的满足和慰藉,自认为与城里人并无差异;另一方面,这种满足和慰藉只是昙花一现,他们不可能通过简单的身体消费实践而成为城里人,甚至还要付出高昂的代价——沦为"新穷人"。

城乡文化的显著差异造成城乡之间对身体具有不同的审美观。新生代农民工是具有乡土记忆的主体,对他们来说,装扮和整饰身体是获得城市身份认同最快捷、直接的途径。然而,由于长期缺乏城市记忆,以及乡土记忆根深蒂固,他们对城里人的生活方式、交往规则、行为模式、生活品位等方面只是一知半解,身体消费实践难以被城里人认可。正如前文已经提到的，当新生代农民工花费大量时间和金钱以城里人的形象出现的时候，在城里人眼里，他们只是在蹩脚地模仿和表达。概言之，新生代农民工除了在经济层面上沦为“新穷人”，在一定程度上仍旧被排除在正常生活之外，是在社会地位、自我认同和精神层面上丧失“个体性”的穷人。

二、消费品位差异：消费分层的外显

事实上，一个人的消费品位与其家庭背景、成长环境和受教育程度等因素密切相关。新生代农民工往往生于传统的农村社会，父辈都是农民或者打工者；相比于城里人，他们在农村长大，接触的文化教育资源不足，大多是初高中学历。这就决定了新生代农民工的文化资本存量低于城里人，与他们具有不同的消费品位。为了摆脱农村人的身体图式，新生代农民工通过消费来装扮和整饰身体形象。虽然新生代农民工渴望接近城里人，不断修正自身的消费品位来迎合城里人的审美，但是受制于有限的经济收入，他们往往会去商场购买过季打折的商品，或者在实体店试穿并拍下照片，再去网络购物平台购买价格低廉的仿制品，以此来显示他们与商品符号价值的关联性。在这里，货币起到掩盖一切事实的实质、特点和形态的作用（韩海燕，2013）。新生代农民工对城里人消费品位的模仿瓦解了城里人的某种消费特权，但是他们的身体建构出现了明显的结构失衡和消费分层。仿冒商品符号价值，实质还是一种身份模仿，这种模仿的背后是新生代农民工对实际商品和品牌的符号价值所代表的真实身份的一种想象，是对自我身份的“虚假认同”（伍庆，2009）。

新生代农民工对城市生活具有美好的憧憬和向往，他们致力于融入城市，甚至在城市扎根。然而，由于各种结构性因素的累积作用，实际上，他们“回不去农村，融不进城市”，就像候鸟一样在城市与农村之间来回奔波，渐渐地成为游离在城乡之外的“双重边缘人”。他们很难凭借自身的力量维持与城里人同等的生活水平。于是，新生代农民工在这种看似自觉自愿的消费中一步步沦为“新穷人”。

如果新生代农民工在城市里难以突破既有的身份限定，那么他们也就难以真正形成对城市的归属感和认同感。这可能会使他们更多地在同类群体间进行资源共享和互相帮助，从而造成生活圈子成员的“日益同质化与内倾化”（郭科、苏晓君，2014）。在访谈中，有不少新生代农民工表示，他们第一次化妆、第一次到大商场买衣服等都是在那些较早进入城市的老乡或者同事的带领下进行的。他们认为，这些人比他们自己更了解城里人的消费品位，更懂得如何装扮自己。

第八章　赛博格身体：技术、数字化与身体

1960年9月的《航天学》杂志将赛博格定义为"作为无自觉的整合性自体平衡系统而实现功能的、外源性拓展与组织化的复合体"(Clynes and Kline, 1960: 26－27)。之后，这一概念便随着生物技术与数字化、信息化的深入发展不断泛化。王昊晟(2021)认为，赛博格正在不断演化：人与机器简单混合，即人类借助机器提升自我能力是赛博格的"混合1.0"阶段，人类在该阶段可以借助"外部接口"与生化机械形成一个临时赛博格；人与机器物理混合，即在人体中植入仿生物或永久性义体是赛博格的"混合2.0"阶段，该阶段突破了人类机体的皮肤屏障，对人体内部进行了大刀阔斧的改造；触及心智的赛博格是人与机器的"混合3.0"阶段，在这一阶段，赛博格能直接建立神经信号联系，完成心智阅读。

由此可见，这是从赛博格技术同人体结合的程度入手，将不断泛化的赛博格概念进行了划分。实际上，赛博格这一概念除了与个体身体结合，还与城市空间、个体思想产生了密切联系，进一步对个体与社会产生了技

术之外的深层影响，如赛博身体、赛博城市、赛博格人类学等概念不断出现。赛博格已经由一个纯粹的技术概念渐渐衍生为一种既有的社会存在与学科领域，甚至成为一种时代特征。当前，人类已经拥有三个身体：技术与肉体交织的智能身体、现实世界中的血肉之躯和网络世界中的虚拟身体（周乐帆，2022）。由此，赛博格技术与人类的三个身体结合，分别形成了三重赛博格：第一重赛博格即生物、机械技术与肉体的结合；第二重赛博格即公共治理与现实中血肉之躯的结合；第三重赛博格即互联网世界中虚拟身体的建立与主体意识的融合。新生代农民工的身体消费实践体现着赛博格时代的印记，他们或受第一重赛博格的影响，获得了身体上的超越，或受第二重赛博格的影响，成为城市空间中被数字监控的一员，抑或在第三重赛博格中寻求自我认同与归属。本章将分别探讨新生代农民工在这三重赛博格中的身体实践与身体体验，以及这一群体所面临的新型身体困境。

第一节　肉身的改变：第一重赛博格——医疗赛博格

第一重赛博格与赛博格最初的含义相差无几，即通过整形、机械对人体的嵌入与注射药物等外部技术，将人体与机器进行生物性的拼接，以此来实现身体功能的恢复与增强（Short，2005）。由于第一重赛博格多与医疗行业相关，因此它又被称为“医疗赛博格”。

一、身体的嫁接：半机械、电子人与市场逻辑

根据残疾人蓝皮书，中国各类残疾人总数为 8 500 万人，就业年龄段

的残疾人就业率仅有43%(凌亢,2021)。第二次全国残疾人抽样调查的相关数据显示,农村残疾人口为6 225万人,占总残疾人口的75.04%。熊伊伊、郑璇(2021)通过在残障社群中的长期观察,发现:残障女性往往遭受“性别”与“身体残障”的双重压迫,在择偶、就业中难以具有自主性与话语权;一部分有就业意愿和劳动能力的农村残障女性往往不顾家人反对,为了逃离被支配的人生,选择独自到城市发展,这一现象在视障人群中似乎体现得更明显。

在残障群体中,视障群体拥有相较其他残障类型群体来说更明显的优势,盲人按摩的行业化为视障群体提供了就业机会。互联网的发展在一定程度上帮助残障人士克服了心理障碍、物理障碍与结构障碍,特别是阻碍听力、肢体残障者就业的物理障碍,从而为残疾人进入就业市场创造了条件(焦若水、李国权,2019)。医疗赛博格也催生了借用假肢、助听器和心脏起搏器等医疗设备得以“进城打工”的新生代农民工。在中央广播电视总台和中国科学院共同主办的《机智过人》节目中,59岁的断臂教师马复兴通过使用生物电技术的机械手臂第一次拿起了书籍。由于该种机械手在市场上售价2万~10万元不等,对于农民工而言价格昂贵,维护成本也较高,智能机械臂在新生代农民工群体中的应用并不广泛。但依靠国家颁布的残疾人税收优惠政策与爱心企业家的帮助,有不少社会企业通过升级无障碍车间,使机器与残障人士结合,形成特殊生产线,在不耽误工作的情况下,使残疾人能借助助听器、假肢等设备工作。

我是听力残疾一级,哪怕戴着助听器,同别人沟通交流时也不是很顺利。在疫情防控期间,由于大家普遍都戴了口罩,我看不到人说话时的嘴型,就更严重了。每当听不到,我多问几遍的时候,总是会收到别人看傻子一样的眼光和不耐烦的眼神,加上沟通上的阻碍,我的信心就会受挫，逐渐变得社恐和害怕沟通。有许多人事发现我是四级以上残疾等级，就不给面试机会。本来我以为像我这种人找工作是无望了，不过万幸的是，在本地残疾人联合会的帮助下，我被一家有爱心的财税咨询公司录用了。（访谈编号：SML－F－31）

确实很难，一开始出来找工作的时候都找不到，好不容易找到一份工作，干了几天人家就说我形象不好，不让干了。后来，倒是可以送快递。（访谈编号：SL－M－32）

作为新时代的"电子公民"，赛博格们一方面借助科技的力量克服身体的限制达到技术上的永生，成为拥有超能力的超人类或后人类；另一方面却出现断裂的身份认同与严重的意识危机（郭倩，2020）。即使有税收优惠政策，愿意接纳新生代残障农民工的企业并不多，残障的新生代农民工在进城务工时依旧会因身体障碍，被企业以"形象不符"等理由劝退，这影响着其对身体与社会的感知："这个社会看我们残疾人都是戴着有色眼镜的，出门都被人像看猴子一样盯着打量，残疾人真的很难找到工作。"（访谈编号：YSC－F－33）

由于对残障人士的人道关怀与政策优惠无法改变普遍的市场逻辑，第一重意义上的赛博格在弥补个体的身体不足并延伸其功能时，也在某些方面削弱了人的能力。一方面，第一重赛博格的应用意味着劳动力的精简化与高要求化，传统性的、可替代的行业不断减少，这对新生代农民工提出了更高的技术性要求；另一方面，人类在为突破自身局限不断冒险，社会中的不确定性在增加（彭兰，2020）。

我是在三岁的时候患上（下肢行走障碍）的，尽管再三告诉自己不要在意他人的眼光，但我的余光总能看见他人在上下打量我，心里

> 就很不是滋味。前两天我去找暑假工，在一个大城市待了一星期左右，来来回回找了10份工作，不是骗子就是考虑到我的腿。好不容易抢到了富士康的一个名额，但到了肢体检测那关，我的合同就被收走了。（访谈编号：NNM-M-34）
>
> 我是先天左手残疾，大学专业是广告设计，后来干了摄影，我很珍惜这个工作机会。但是老板找借口拖欠了我三个月工资，我离职后也没一家公司愿意要，说（我）影响公司形象。（访谈编号：YRY-F-35）

除了少部分企业考虑到税收优惠政策对残障人士有特殊关照，大部分企业依旧遵循市场逻辑，将残障人士排除在招聘范围之外。寻求一种医学意义上的"正常态"身体，即使残障农民工借助现代技术恢复与弥补了身体相关功能，赛博人在城市务工时依旧面临的是日渐减少的传统行业，和机器化社会中无法避免的、他者眼中的"弗兰肯斯坦"[①]。

二、身体的增强：疾病、免疫与身份区隔

2009年，李晓波、王小玲、高丽等学者对414名[②]甘肃省进城农民工免疫规划基础知识进行了调查，调查结果显示：75.85%的人有疫苗接种史，其中乙肝疫苗接种率最高，为39.61%；83.52%的人知道儿童出生后应进行预防接种；57.97%的人知道儿童可以免费接种疫苗。根据调查结果，学者们认为农民工预防接种相关知识水平普遍不高。徐守群（2011）针对

① 弗兰肯斯坦是英国作家玛丽·雪莱创作的长篇小说《弗兰肯斯坦——现代普罗米修斯的故事》中的主角，也被用来指代人类制造的怪物。

② 在接受调查的414名人员中：主要以男性为主，占91.06%；其中40岁以下的占74.88%；人员主要来自甘肃省农村地区，占98.07%；有91.06%的被调查者有子女，其中67.76%的子女生活在农村。

南京市农民工监护人免疫接种的认知情况的调研结果也得出了相同结论。

2022年，我国公共卫生事业有了显著发展，疫苗知晓率也逐步提高。然而，伴随着网络信息技术的发展，农民工获取信息的能力显著上升。在“疫苗犹豫”的基础上，新生代农民工还伴有“疫苗焦虑”，这在女性农民工对待供不应求的九价HPV疫苗方面体现得尤为明显。

九价HPV疫苗用于预防人乳头瘤病毒感染引起的宫颈癌，可以预防6、11、16、18、31、33、45、52和58型共9种病毒，涵盖90%以上的宫颈癌。目前我国已有多款九价HPV疫苗产品获批注册，但总体这类疫苗还是供不应求。同时，还有更多科普文章在强调九价HPV疫苗的重要性，更是有“接种得越早越好”的说法(姚倩，2022)。接种九价HPV疫苗也成为网络世界中的重要打卡事件，不少女性在接种九价HPV疫苗后会在微信朋友圈等平台分享抢到“苗”的喜悦，通过一种非正式网络带动了九价HPV疫苗知识在女性群体中的推广。但是，九价HPV疫苗不仅价格昂贵、一苗难求、发布信息杂乱，还存在着严格的户籍限制。一般通过社区医院预约HPV疫苗需要接种人必须是辖区常住人口，有些接种点由于疫苗比较少可能会限制必须是辖区户籍才可以预约接种，这限制了新生代农民工获取疫苗接种的机会。

一方面，农民工群体医疗知识获取能力正在增强，希望用现代医学技术增强免疫，获得健康的身体。另一方面，稀缺资源偏向户籍地居民，新生代农民工获取资源的能力相较户籍地居民弱，在此时，便形成了一种悖论——对医疗知识了解得越多，就越有疫苗焦虑。在信息获取能力不断增强的今天，个体对医疗知识的了解越深入，其对“健康身体”“正常态身体”“美丽身体”就越执着。吴建平、风笑天(2003)认为，大量生活指南、养生之道的资料的出现，迎合了现代人希望对自己的身体进行有效的高度反思性监控的需求。但这并不能消除人们心中的焦虑，反而可能进一步加深人们对塑造身体与建构身体的潜在焦虑。

为了抢（九价 HPV 疫苗），我加入了一个分享我家当地各区县抢疫苗的交流群，以获得周边各地区最新的疫苗信息。每次收到信息之后，我就直接动员家人，一起抢（九价 HPV 疫苗）。即便如此，我也一直没抢到……我也考虑过通过黄牛预约接种（九价 HPV 疫苗），但是黄牛的价格不仅高出了大概一倍，而且还有风险。我今年曾看到新闻，说一些人通过黄牛最终接种的九价 HPV 疫苗是生理盐水，所以我就放弃了这个渠道……最终让我放弃接种九价 HPV 疫苗的念头是那天我看到周边一个区县有疫苗，但是需要当地人在当天才能打，而且医生还会确认是不是当地人。于是我立刻修改了自己的地址，还提前熟悉了当地的街道信息，但最后还是没有成功抢到……最近看到九价"扩龄"的新闻，我的第一反应是 16～26 周岁的人都抢不到，现如今 9～45 岁的人都可以来抢，会不会更难抢呢？（访谈编号：GX-F-36）

布尔迪厄认为个体的身体本身就是一个空间或场所，不同社会阶层的文化实践同样作用于个体的身体之上，身体因此成为趣味和区隔的一个基本特征。如今，医疗健康信息经由互联网传播，速度相较以往更快，也更便捷。新生代农民工相较于老一代农民工能从多种渠道，以更娱乐化的方式获得知识，促进身体强健。然而，赛博格身体的获得具有一定门槛，如疫苗、整形与其他身体改造技术的可获得性依旧因制度或经济因素等的限制，让身体产生差别。

三、身体的变形：跨性别、脱轨与性别认同

生理性别、社会性别、性别认同与跨社会性别是性别理论的核心概念，现代医疗技术能够实现性别的转换，从而使个人从生理上实现性别认同，并在日常生活中完成跨性别的角色扮演。大都市凭借其对多元文化的吸纳与脱离原先闭塞的"熟人社区"等属性，对跨性别身份的人群有着强烈的吸引力。为了脱离原生地对性别观念的限制、寻求性别认同，部分新生代农民工来到大城市打工，并偷偷通过异装、服用激素类药物或做变性手术转换性别。

> 我本科在江苏就读，为什么一个人来上海当"沪漂"呢？一是，自己不想经受父母催婚的压力，太早步入婚姻的"坟墓"；二是，我觉得大城市里的人应该更开放一些，对我自身的爱好（异装）更有接受度。（访谈编号：DMW－M－37）

抛除城市文化的因素，城市的经济因素也是跨性别新生代农民工所考虑的："除了成都更加开放、多元一点，还有就是因为这里的工资水平可以缓解因吃抗雄激素药物而带来的经济压力。"（访谈编号：DDJ－M－38）然而，在昂贵的手术与药物费用面前，一些年纪较小的跨性别人群为了性别认同而与原生家庭产生矛盾后，独自背井离乡来城市务工。由于每月最低400～500元的药物费用与其他费用过多，有的会选择其他"生财之道"。

我们的身体都体现着对社会关系的再生产（王玉珏，2018：8）。巴特勒在解构性别规范，编织"性别意义之网"的同时，也从"做性别"的反身性角度提出了"消解性别"，即假设性别是被建构的，意味着它也可以被重新

建构。现代医疗技术为性别的变化与消解提供了技术上的支持，城市文化也因其多元与包容性，吸纳着跨性别新生代农民工的进入。但是，由于个体年龄过小，而改变身体的相关药物、服饰支出又过大，在性别认同达成后，资本也偷偷发展新的交易链。

由此可见，上述内容体现的第一重赛博格延续了19世纪社会科学从医学角度看身体的视角（冯珠娣、汪民安，2004），呈现出一种“医疗化”的身体。实际上，医疗同身体一直结合紧密，早在1987年美国人类学家发表的《关心的身体：身体人类学导论》（*The Mindful Body: A Prolegomenon for an Anthropology of the Body*）这篇文章中就提到了医学人类学基本上是关于身体的人类学。福柯在《词与物》《疯癫与文明》《惩罚与监视》等著作中也探讨了（生物）医学是如何发展成为认识身体的霸权话语的。作为女性主义技术文化领域中最杰出的批判者，哈拉维（Haraway）引入了“赛博格”这个文化概念及其乌托邦想象，建立了社会主义—唯物主义女性主义者批判框架（戴雪红，2018）。哈拉维（2006：117－158）把“赛博格”定义为“一个控制有机体，一个机器与生物体的杂合体，一个社会现实的创造物，同时也是一个虚构的创造物。”哈拉维的赛博格思想可以简单地概括为机器无机体与生物有机体的结合，如假牙、假肢、心脏起搏器等外在无机体“入侵”人类有机体。这些通过技术增强后的身体导致我们原有认知层面的改变，即生物碳基与机器硅基、物质实体与非物质实体（虚拟现实）等的界限已趋于模糊，不可辨（李伟，2022）。

随着赛博格医疗技术、器官移植手术、人工授精、试管婴儿和整形手术的发展，技术层面的身体得以改变与重构。相较于老一代农民工，新生代农民工有了更多身体改造的机会，有的身体缺陷借助器械得以弥补，有的使用疫苗获得了更强的身体素质，也有的通过手术获得了理想化身体的转变。这些赛博格身体的再造都为新生代农民工提供了新的身体体验与身体认知，也在一定程度上塑造了新的群体身份与社会关系。

第二节　空间的规训：第二重赛博格——空间赛博格

福柯谈到身体规训的时候，引出了一个非常重要的身体理论——生物权力(bio-power)，包括个体与群体两个方面。如果说第一重赛博格是通过身体技术，在现实世界将个体改造为适应新时代要求的赛博格人，那么第二重赛博格已经通过将现代管理与数字技术相结合的方式，建立起了真实世界与网络世界所结合的规训、管理空间，从而对个体实现整合性管理。相较于第一重赛博格，第二重赛博格中的个体缺乏操纵自身身体的机会，完成个体身体管理的是建设第二层赛博格空间的所有者，他们通过各种形式的权力反复地制造、改造和生产出第二重赛博格所需要的身体。

一、被计算的身体：劳动的数字化管理

数字经济不仅改变了劳动力的就业形态、推动了劳动力结构调整，也为传统行业与新兴产业提供了劳动力的数字化管理模式。

传统行业(如加工制造业、建筑业等)通过从业信息实名制、实名制考勤与劳务实名制系统等数字化管理技术，对劳动力进行了精细化管理。自2019年3月1日起，我国施行《建筑工人实名制管理办法(试行)》，要求对所有施工现场的建筑工人进行实名制管理。部分建筑公司结合人脸识别考勤等系统，开发了实名制管理平台，集合智能软件技术、人脸识别技术和人脸识别智能终端等，将农民工的工作量以数字化的形式呈现出来，

这在一定程度上缓解了农民工的欠薪问题。然而，在数字化管理并不完善的行业，部分中介有意利用农民工基于自身属性所产生的"信息差"获得额外利益。

对于数字化新兴产业而言，一方面，新生代农民工在数字化行业就业比例增加，使他们过度劳动[①]的概率低于老一代农民工（郭凤鸣，2020）。另一方面，人类社会经济发展已从实体经济迈入虚拟的平台经济，资本向流通领域的延伸也催生了外卖员、快递员、网约车司机等新的跳出传统招聘要求的"新职业""新工种"。这些"新职业""新工种"凭借低门槛与"高"收入，成为新生代农民工眼中的热门选择。

在许多学者看来，"钟表时间"（clock time）对现代化社会中的集体性时空起到了关键作用。随着雇佣劳动的兴起，人们的劳动从易忽视"钟表时间"的自然劳动，逐步转变为以"钟表时间"为核心的定时劳动，从而产生了围绕"钟表时间"的劳动分工、罚款、闹铃等一系列事件的纪律（Thompson，1967）。相较于"钟表时间"，现代赛博格技术对劳动力更具有约束性质，它集结了钟表、定位、完成率与顾客评价等硬性指标，对劳动者提出了更高的要求，并通过技术的加持对该标准的达成进行考核或施加惩罚。数据平台在使用大数据对消费者进行控制的同时，也将同样的控制策略应用到了劳动管理上。比如，评分、接单率、拒单率、在线时长、行程次数、行程时间已变为一项项可视化的、考核外卖骑手的指标。在具体的劳动过程中，平台不仅掌握了信息源和劳动者数据，更实现了根据劳动者个人特征而实行的实时动态化管控（冯向楠、詹婧，2019）。平台对从事这些职业的新生代农民工的身体进行监视，将自身与消费者之间的冲突转化为劳动者与消费者之间的冲突，即将各种风险转嫁在劳动者身上。

① 城镇劳动力市场上的农民工工资水平普遍较低，因此，大量农民工为了增加收入而超时劳动，面临严重的过度劳动问题。

消费者在互联网平台扮演中层管理者，因为他们负责对员工的表现进行评估（罗森布拉特，2019）。

德国哲学家罗萨（2018：26－27）在《新异化的诞生：社会加速批判理论大纲》一书中提到，技术导致效率提高，并不能让人们将更多的时间花在自己认为有意义的事情上，相反，技术的运用会使人类的生产和日常生活节奏同时被加快。资本通过第二重赛博格，带来了实在与潜在的压迫与操纵，并且这种操纵是持续性的、不断升级的。在平台建设初期，劳动者还能对平台管理机制进行分析，从中找寻管理漏洞以获得些许自由。但赛博格具有不断自我修复完善的能力，通过消费者的评价、建议与运营人员对平台的不断修复，劳动者能钻的空子也越来越少："以前（我们）可以通过'挂单'来解决延迟罚款的问题，现在就管得越来越'死'了。即使我们学会了抄近道缩短时间，平台也会把我们加速送到的时间计算为平均时间，促使每一单都按系统安排的时间走。"（访谈编号：SJM－M－40）

布尔迪厄（2015：10）认为，群体中所有内部区分都是在时空关系中组织的，他们被安排到了各自的地点和时间中，时空结构构成了群体本身。第二重赛博格便是通过大数据监控，配合奖惩制度，将个体的身体固定、限制在一定的时空之内，甚至要求其按照固定的路线在一定时间内，且在完成常规任务的情况下，带给消费者愉悦的服务体验，这就形成了数字资本主义时代下被监视的身体。

二、被挤压的身体：精细化的城市管理

从发展趋势来看，城市的数字化、智能化已成大势所趋，它们将城市地理空间信息与城市人口、住房、环境等各方面信息进行叠加，在虚拟空间中再现城市结构，使城市成为赛博空间的一个子集（李德仁、邵振峰、杨小敏，2011）。发展数字城市、智能城市、智慧城市的主要目的在于最大限

度地实现精细化的城市管理。这在保障城市秩序的同时，也会在一定程度上对农民工的活动时空形成挤压。

一方面，农民工的就业空间受到挤压。近年来，为缓解超大城市的人口压力，地方政府纷纷出台相应政策，疏解和关停了很多与超大城市定位不符的批发市场、三高一低（高能耗、高污染、高排放产业和低端制造业）企业等，使农民工等群体的工作岗位减少。他们在城市公共空间支起来的流动摊点等非正式工作场所也成为空间整治的目标。有时，媒体对新生代农民工工作环境的报道也会使这一群体的就业空间受到挤压。“因为日本纪录片《三和人才市场：中国日结 1 500 日元的年轻人们》受到广泛关注，三和人才市场被清理了，焊上了铁围栏，劳务中介公司也没了。（大家觉得）纪录片说的都是不光彩的事，有这样的结果也是必然的。”（访谈编号：YMS－M－43）

另一方面，农民工的居住空间也受到挤压。由于房租低廉、入住方便等因素，农民工往往居住在老旧小区、城中村和棚户区。而在这些区域中，存在着“两违”（违法用地、违法建设）建筑密度高、电力系统规划失序等问题。在发生火灾等重大安全事故后，这些空间往往会成为城市升级改造的重点，使农民工的居住空间受到挤压。“（对我而言）有个遮风挡雨的住处就行，我现在住的地方没有阳台、厨房和卫生间。”（访谈编号：YMS－M－43）可见，农民工们更多把这一空间看作临时的、暂住的空间。他们的身体体验和身体活动很少被详细呈现出来，表现出一定的“失语”。

刘天金、蔡志强（2007）认为，农民工群体的居留特点如下：一代农民工留不住，二代农民工不回去，三代农民工回不去。人数较多的新生代农民工对农业种植并不感兴趣，学历相对而言也较高，他们不像第一代农民工一样安于现状，对家乡的社会认同度正在下降，更倾向于城市的生活方式和交往方式。他们需要在学历、技能等方面不断进行自我规训，才能让自己更符合城市的筛选标准。

由此可见，第二重赛博格正在以一种新的技术方式，逐渐延展物理意义上的时空机制，对身体进行精细化的治理和塑造，从而形成数字时代的身体治理逻辑。

第三节　虚拟的救赎：第三重赛博格——主体赛博格

柏拉图(2000)在《斐多篇》中指出，灵魂和肉体的分离就是人的死亡，灵魂离开肉体独立存在，摆脱了感觉、情感等干扰时，就能达到对真理的认识。在柏拉图看来，身体与灵魂相互独立，身体基本上处于被灵魂宰割的位置。此后，笛卡尔也延续着“心尊身卑”的观点，认为人主要是思维和精神的范畴，身体和它周边的环境只有从属关系。从身心二分的意义而言，第三重赛博格通过“数字二重性”将身体与思想分离，并通过虚拟个体的建立赋予思想实体化形象。基于人工智能的“奇点来临”和“数字永生”技术的成熟，每个人将拥有“数字二重性”，即通过复制或克隆个体的思想存活于数字化的虚拟世界，高兆明(2003)将其称为“真我”和“网我”。这两种存在方式恰如人的一体两面，集中于同一主体。数字世界中的“网我”同赛博格空间中的个体相互互动，形成了独特的“身体景观”。在赛博格空间中，被现实肉身操纵的互联网空间中的虚拟数据正在被加工，个人与虚拟化身体发生互动，形成了第三重赛博格，即主体赛博格。在主体赛博格中，个体脱离了现实身体的束缚，在互联网所创造的世界中建立起了自己的“拟态形象”，并以该形象交友、购买虚拟产品或以游戏的方式体验不同的人生。随着数字时代的到来，新生代农民工的智能手机等智能设备持有率上升，他们在虚拟世界中也构建了“虚拟态”的身体，并在“超现实世界”中与之展开了一系列行动，以不断重构自我。

一、休闲的身体：劳动密集型就业、零工经济与“三和大神”

中国农民工的就业现状一直伴随着持续的分化。进入21世纪以来，农民工从事非农工作的职业技能水平不断提升，城市提供的职业类型日益丰富，形成了遍布非农领域各类职业的就业分化状态（欧阳博强、张广胜，2018）。陆学艺（1989）按照中国的传统观念，将农民工在一般意义上从低到高划分为一般工人或员工、基层管理者、中高级技工和中高层管理者四个阶层。新生代农民工的职业选择更丰富，伴随着所属职业的差异性与其相应的空闲时间、工作方式的差异，在第三重赛博格即主体赛博格内，基于上网时间、用途与嵌入程度上的差异，他们内部形成了截然不同的身体景观。

第一类是从事纺织、电子设备组装流水线、建筑施工等日结性工作的新生代农民工，他们每天忙于生计，较少有空闲时间，进入第三重赛博格的程度也较低。这类群体往往将网络视为业余时间休闲或交友的工具，没有时间在其中主动建立主体形象抑或沉浸其中。“平常没什么时间，上夜班的话，我都在白天睡觉，上白班的话，我就在晚上打游戏。”（访谈编号：CDD-M-44）“我来长沙，没什么朋友，也就晚上八九点下班了打打游戏，放松一下，也不能打太久，凌晨两三点就得睡。”（访谈编号：CDD-M-44）有时，因为上网包夜比租房成本低，“泡”网吧也是为了现实生活的需要。“住几天没钱了，我就去商场发传单，有时候一天挣50块，有时候一天挣80块。但一般两三天就没活儿干了。我就住网吧，等把钱花完了再找活干……住网吧的费用要比租房便宜很多。”（访谈编号：CDD-M-44）

另外，以往的研究认为，基层农民工往往以现实中通过自身努力而上升到高层的农民工作为榜样或目标，进而激发潜意识里不断往上攀爬的动力（韦吉飞，2017）。但在部分新生代农民工身上则不尽相同。正如纪录片《三和人才市场：中国日结 1 500 日元的年轻人们》和田丰、林凯旋（2020）所著的《岂不怀归：三和青年调查》所言，在黑中介和黑厂的欺骗、乏味的流水线作业与机会渺茫的向上流动的可能性下，卖身份证、卖微信号成了三和青年的必备技能，“躺平”成为他们基本的生活态度。“只要我们躺平，别人就没办法割我们韭菜。”（访谈编号：HLC－M－45）

热衷于在手机上刷抖音、快手等短视频，拿到工资便去“泡”网吧成了他们的日常精神消遣，超现实世界之上的虚拟世界潜移默化地形塑着这类新生代农民工的世界观与价值观。网络为其创造了一个舒适的、平等的生活空间，使其在为生计奔波之时，能在第三重赛博格上找寻到乐趣。同时，第三重赛博格既解放着他们的人性，又消磨着他们的意志，“及时行乐”“赚快钱”成为多数人的座右铭。“吃顿好的费钱，几口下去就没了，上网就不一样了，可以持续快乐。”“我高兴快乐的日子是 2013—2018 年，通过网贷、信用卡搞（得到）钱。”（访谈编号：XXY－M－46）

随着纪录片的播放、社会新闻的报道，与“三和青年”类似的新生代农民工仿佛找到了一个标签来称呼自己，他们在“三和大神”贴吧聚集，在贴吧内分享自己的故事并组建相关 QQ 群，用于日常交流。QQ 群的群名为“浮生三世”，群公告写着：“打工打工，十年打工一场空，本群是那些打工人共同的心灵港湾，各位群友须共同维护群内环境。”群友们分享着日常的工作地点与居住环境，询问着群友有无什么推荐的出路与工作。有时，在群友受到不公平的待遇时，群内的新生代农民工还会为其出主意。即便听到的是戏谑性的话语，这一类新生代农民工也通过“三和”形成了对自我的身份认知，并下意识地组建社群分享经历，在第三重赛博格内找寻自身的归属与在现实生活中难以得到的认同。第三重赛博空间内生产的同辈亚文化与其他群体的享乐生活，也通过文化观念的作用维持着他们的日常，呈现出“自由”与“颓废”交织的生活状态。他们在这种状态中越陷越深。

在“笛卡尔式”二元对立的身体之后，法国先锋戏剧大师阿尔托(Artaud)和德勒兹打破了身体和意识的二元对立关系，认为应当存在一个“无器官的身体”(the body without organ)，即身体在很大程度上突破了自我的边界，不再依赖于器官或者有机体，成为一具自由、充满积极的欲望、强大的身体。一种从它被社会地连接起来、规范化、符号化和主观化了的状态中逃离出来的躯体，一种被拆散了的、分解了的、非地域化的，故而能够以一种新的方式重建的躯体(德勒兹，2006)。在第三重赛博格空间中，身体出现了无器官化现象，身体不再是一个固定主体，而是能在不同网页、设备中自由切换的主体。也正是在第三重赛博格空间中，新生代农民工可以“被言说”“被倾听”。

二、展演的身体：形象塑造、情感劳动与他者之镜

在“互联网＋”经济快速发展的背景下，互联网营销和体验营销成为市场营销的新趋向。新生代农民工也加入了互联网营销中，或在地产销售、保健品销售等传统行业转变销售策略，抑或进入新媒体平台，成为网络主播或网络红人。他们往往需要通过第三重赛博格空间建立个人形象，完成自身的工作任务。而第三重赛博格的形象也塑造和影响着他们在现实生活中的自我认知。

首先，同劳动密集型、零工经济下的新生代农民工不同，身体、相貌等是第二类新生代农民工在第三重赛博格空间进行展示的重要元素之一。而“都市人”“精致生活”往往是这类新生代农民工构建互联网形象的主要

方向，如销售人员的微信头像基本以西装加领带的个人精修照为主，网络主播们常在直播间与视频平台上传含有“美颜”技术加持的视频。对于他们而言，颜值与身体一方面直接是数字劳动的方式或手段，另一方面也是数字劳动的条件或基础（吕鹏，2021）。当前，对于身体的审美化已经成为一种突出的社会文化思潮（陶东风，2010），“颜值即正义”已经成为短视频/直播情感劳动中普遍且共同的认知逻辑。

其次，区别于从小生活在都市的青年群体，成长于村落的新生代农民工在互联网平台的行为往往更具张力。因为“土味视频”与真实的底层生活的展示并不符合商业化的逻辑，平台基于认知形塑和变现能力的驱动，一直试图去除其底层化的标签——“low”和“土”（陈国权，2020），再加上极具快手底层“土味”文化特征的代表性主播“MC 天佑”和“牌牌琦”被中央媒体点名批评并被全网封禁（吕鹏，2021），“土味”与都市文化之间的冲突愈演愈烈。在这种逻辑下，以第三重赛博格空间塑造个体形象并获取生活来源的新生代农民工往往会为了更高的广告费用而模仿都市文化，构建不符合现实人设的“虚拟形象”。然而，与从小在城市环境下成长的主播不同，新生代农民工生于乡村、长于乡土，其在第三重赛博格空间里的身体展演与情感劳动偶尔会显得与都市文化格格不入。“在卖房的时候，还是要少透露个人信息，捧着顾客就行了，没必要聊别的。要是我说自己的那些经历，人家可能还看不起我。他们只要看到我朋友圈发的那些，觉得我靠谱就行了”。（访谈编号：GC－F－47）主播群中会衍生许多小群，在小群中，部分主播还会偷偷拆穿同行的扮演行为，孤立该主播：“我就觉得他（某主播）很装，明明不懂，还要炫耀。滤镜一开，真的以为自己是帅哥，其实线下就是又黑又瘦又很自信的那种人。”（访谈编号：DJL－M－48）

最后，与将互联网作为休闲娱乐工具的大众不同，第二类新生代农民工在第三重赛博格空间里的角色扮演都基于一定的人设，并且这种人设会逐渐影响他们对自我的认知。美国社会学家库利(Cooley, 1999)在其著作《人类本性与社会秩序》中提出了“镜中我”这一社会心理学概念，他认为人们彼此都是一面镜子，映照着对方。第三重赛博格则将“镜子”重新定义，照片不再真实，个体经过美颜难以看到真实的自我与他人。数字空间中容貌的再造与美化有时是想让他人信以为真，有时仅是为了自我满足。而其后果便是产生幻象，这种个人化的幻象可能会弥散为一种社会化的幻景，形成“超真实的社会”。但这与社会的真实面貌不尽相同。

“看到美颜软件里的自己，感觉漂亮极了，但是转头看向镜子又觉得自己长相平平。”(访谈编号：LXX-F-49)

由此可见，他者的目光如同一面凝视个体的放大镜，“他者之镜”成为个体自我调整身体的参考。一旦“镜像”意识演变为主体的自觉意识，这种意识会迫使个体持续关注自我形象，时刻以他者的标准来审视和改造自己。换言之，身体审美的标准实际上是一种外在的话语标准，对身体美的判断并非源于自我意识，而是对他者意识的“镜像”反应(杨向荣，2022)。这种形象建构所带来的赋权效应可能只是文化工业体制下的表象，新生代农民工“自主生产”的背后更多表现出被商业利益裹挟的特点(宋双峰、方晓恬、窦少舸，2020)。

三、消费的身体：虚拟、迷失与自我焦虑

第三类新生代农民工主要是个体户或小企业管理者，相较于第一、二类新生代农民工，这类群体有着更强的自我意识与更高的身份地位，他们有足够的时间、空间与金钱来建构自己在第三重赛博格空间内的形象。如果说第一类新生代农民工是第三重赛博格空间的游离者，第二类新生代农民工是第三重赛博格空间中的谋利者，那么第三类新生代农民工就

是第三重赛博格空间中的消费者。虽然第一、二类新生代农民工也会在第三重赛博格空间进行消费，但其消费频率低且金额较小，多以给游戏充值为主。

经由技术的发展，个体的身体由确定的“肉身”渐渐成为可以被改造的与机器相结合的“赛博身体”，再到翻越次元的“虚拟化”身体，对“虚拟化”身体的改造是第三重赛博格空间的消费重点。在高科技时代，伴随着数字技术的飞速发展、“元宇宙”概念的提出，虚拟与现实之间的边界也将逐渐被消解。“元宇宙”的搭建构造了前所未有的身体景观与消费取向，即身体的虚拟态与虚拟物品的消费与创造。不同于以往在电子游戏中购买“装备”、在社交平台上传虚拟头像，购买比特币、虚拟房地产 NFT（非同质化通证）、虚拟恋人、虚拟时装等虚拟物品成为新的消费方式。数字化空间中个人形象的变化，以及与生物人、电子人、数字人、虚拟人、信息人等多种“后人类”的互动，都是第三重赛博格空间中的常见景观。

在第三重赛博格空间中，第三类新生代农民工购买虚拟道具对主播或陪玩等进行打赏、充值以升级游戏装备和改变虚拟空间人物形象、购买比特币等虚拟产品以进行后期投资等。即使是购买虚拟产品，这类新生代农民工都具有较为明显的现实取向：要么是为了获得情感上的满足，将网络上的朋友变为现实生活中的朋友，要么是在第三重赛博格空间中提升自身魅力，获取更多关注。“充钱充到 V10[①]，跟别人一起玩儿就很拉风……花钱找个陪玩也不错。”（访谈编号：ZFY－M－50）然而，即使在第三重赛博格空间中建构的形象很完美，可能其在现实生活中的转换也不尽如人意。“他花钱当了榜一大哥，天天守人家直播间，最后一见面，没成……不过没事，我大哥做建材生意，不差钱。”（访谈编号：ZFY－M－50）

① V10 指的是某款游戏的充值会员等级，充到最高可获得全部皮肤并与组队人员共享。

在第三重赛博格空间与线下的转化中，注重身体、相貌的第二类新生代农民工产生了对自我的焦虑与怀疑，而第三类新生代农民工更多是一种“受骗”心理。实际上，在虚拟空间消费具有一定“自欺”性质，即借助互联网构建的数字空间愈发趋近乌托邦的存在，甚至比个体想象的乌托邦更完美。但想象越完美，现实世界中的落差感就会越强烈，个体对自身的认知也会日益趋向两极化。但这种乌托邦也有其产生的基础。“无器官的身体”是逃离组织化、标准化社会模式的“载具”，它的诞生也是新的社会运行制度、新的生产与日常生活方式，以及新的共同体的诞生（德勒兹、瓜塔里，2003：205－207）。部分新生代农民工，如“三和青年”等，已然察觉到了隐藏于技术之后的资本逻辑与运行机制。在肉体被赛博格加强、捆绑的同时，他们亟须在线上寻找一个逃离现实、实现自我心理归属的乌托邦。

新生代农民工多数也是Z世代[①]，他们的成长路径与第三重赛博格空间密不可分。然而，第三重赛博格空间创造的并不是一个逃避现实的乌托邦，在大多数新生代农民工的记忆中，幼年时期长期沉迷上网的经历往往是其记忆深刻的人生拐点。“读书的时候，天天上网，没有好好学习，成绩不好就出来打工了”（访谈编号：LB－M－40）。德勒兹与瓜塔里认为，受技术化的资本主义生产方式的影响，大部分人都处于“克分子线”的状态，遵循着“出生—接受教育—工作—退休—衰老—死亡”这样单向性的生命轨迹（穆潇然，2022）。新生代农民工大多是第一代农民工的子女，他们或在乡村成长为“留守儿童”，抑或跟随父母进城务工。这使他们的身体在青少年时期获得了短暂的“自由”，或多或少地脱离了学校等组织系

① Z世代，也被称为“网生代”“互联网世代”“二次元世代”“数媒土著”，通常是指1995—2009年出生的一代人。他们一出生就与网络信息时代无缝对接，受数字信息技术、智能手机产品等的影响比较大。

统的约束。但他们在之后的成长道路上依然要面对个体发展的困惑乃至难题。

当前,数字化发展深刻影响着社会和每个个体。现实社会只是让我们维持基本的生理需求,我们所有的精神需求,如社交、恋爱等都要通过网络进行(秦虹、苏鑫,2018)。新生代农民工在受到第一重赛博格对身体的改造、加强,并不断向个体的自我认同靠近的同时,也受到第二重赛博格对身体的管理与规训,不断形成数字时代的身体治理逻辑与图景。在理想状态下,第三重赛博格空间给予了新生代农民工“逃逸”的可能性,使他们能在线上聊天室、游戏场景与网络平台中重塑归属感与认同感。但是,第三重赛博格空间并不是绝对理想的乌托邦,它的运作依旧基于现实逻辑。就此意义而言,第三重赛博格空间并不符合德勒兹所说的“无器官的身体是逃逸规则化现实的载体”,所谓“逃逸”到第三重赛博格空间,不过是从一个网络与结构转入另一个新的网络与结构。

第九章　个体化生活方式：身体实践中的结构与行动

20 世纪 50 年代，全球的现代化进程出现了新的历史转向，工业社会的确定性、安全性等被瓦解，新型现代化的不确定性和风险性，即贝克所说的“第二现代性”产生了。个体化是第二现代性的基本特征。个体化的过程是一场个体与社会之间关系的解构与重构过程，在这一过程中，传统对个体的控制与支持日渐消失，个体从阶层、核心家庭、性别角色等对人具有规定性的传统制度中抽离出来，作为积极主动的个体对自我生涯进行选择和创造。但是，从第一现代性的各种社会形式中抽离出来的个体并非完全自由的个体。当个体越来越成为其自身生存与生活方式的决定因素时，全球化风险和个人选择带来的意外后果，以及各种不确定性因素也会延伸到个体生涯之中。因此，第二现代性下个体的自由是带有风险的自由。中国社会的个体化趋势是不言而喻的，这既包括与国家、制度相关的结构维度，也包括与个体相关的行动维度。新生代农民工的身体消费实践反映了一种个体化的生活方式趋向，本章着力于剖析其中蕴含的行动与结构这两种力量的作用，以及它们之间相互建构的过程。

第一节　身体实践与个体化生活方式的建构

一般而言，个体化既包括生产的个体化，也包括生活的个体化。生活的个体化意味着人们从之前的生活系统“脱嵌”，在去传统化中丧失稳定性，以及新系统的再嵌入。新生代农民工离开家乡进入城市生活，逐渐摆脱传统的圈子、身份的束缚，在体验城市生活、与城市互动的过程中形成了新的生活方式。

一、“脱嵌”：解放中的消费

“脱嵌”是指个体从之前既有的身份系统、支持系统与社会义务中脱离。“脱嵌”在新生代农民工身上体现得非常明显。为了尽快融入城市生活，他们能采取的较为方便和快捷的方式就是从身体装扮着手。离开家乡的他们受原系统的支持和限制越来越小，因而在打工的城市里是一个“新”人，同时受城市各方面时尚文化的影响，新生代农民工也不再坚持传统的行为习惯。这种与原初生活系统“脱嵌”的开始，就是新生代农民工个体化的开始。

一方面，社会流动促进了个体化消费。从宏观层面来说，在当今中国，人口的城乡流动已经成为一个不可逆转的趋势，无论是老一代农民工对生计的考量，还是新生代农民工对发展机会的渴望，都使大量农村居民不断涌入一、二线城市工作和生活。从微观层面来说，得益于日益发达的通信技术和交通设施，城乡之间的流动变得更加便捷。伴随着城乡流动，新生代农民工的消费与融入也由此开启。另一方面，在新生代农民工的身体消费实践中，“脱嵌”主要体现在消费观念、消费心理和消费行为方面。如前所述，他们的消费观念、消费心理和消费行为已经与老一代农民工发生了很大的变化。对于新生代农民工而言，消费产品不仅仅是身体冷暖的需要，更是表达自我个性、潮流和时尚的需要。新生代农民工更加注重当下的生活、体验和感受，也更舍得为自己花钱和消费。新生代农民工已经逐渐摆脱农村消费模式，而在城市开启新的消费之路。

随着社会转型的加速，原本可以依靠团体或集体来解决的问题更多地抛给了个体，人们逐渐成为自身生活的规划者和实施者。“为自己而活”这种原本只被少数人期望的生活态度，逐渐成为大部分人的行为准则。大多新生代农民工与父母在时间和空间上分离，因此也谈不上太多的约束。来到城市的他们虽然依旧是家庭中的一员，但已经不再依附于家庭，而是能够主动地依赖各种资源，选择相应的工作与生活路径，对自己的发展和人生负责。在这种前提下，新生代农民工“为自己而活”的个人诉求得以强烈表达和呈现出来。

二、去传统化：“自由”中的消费

在我国，农民工选择工作地点在很大程度上受到已经走出去的亲戚、朋友的影响。“老乡”对于他们而言是非常亲切的。随着新生代农民工逐渐适应城市环境，尤其是随着智能手机的广泛使用，他们还通过各种社交软件与其他人建立了新的社会连接。这使以强关系为基础的传统社会关系网络逐渐弱化，以弱关系为基础的新社会关系网络逐渐建立并得以强化且发挥着有力作用。这种人际关系网络的显著变化，也对他们的工作、生活产生了较大的影响。

消费不仅是一种重要的社会思潮，而且是一种普遍的生活方式。在上海，这种消费主义更是得到了极致的呈现。“在上海，人虽然多，但是商场也多。在上海的一个镇走几步就有一个商场,但老家市里总共也就一两个小商场,所以大家都说上海很繁华。"(访谈编号:DJ-F-51)在这座繁华的城市里,不用花很多代价,你就能充分享受到与身体相关的服饰、美容、健美、瘦身、运动等消费。即便是在上海的一个普通小镇,琳琅满目的商品、精致优美的物件也吸引着来自全国各地的人们。

来到城市的新生代农民工可能面临着多方面(如工作、家庭、生活等)的压力。每个生活在城市中的人都深受大众传媒的影响,但对于迫切在城市中寻求身份的新生代农民工而言,广告的意义已经超越了商业价值,更有心理、文化上的意义。新生代农民工完全曝光在繁华城市里的消费文化中,再加上大众传媒的宣传,通过消费来构建自我与身份认同已经成为一种获得大众认可的方式。消费是新生代农民工融入城市生活的快捷方式。所以,消费带给新生代农民工更多的是身体上的自由与解放。通过消费,新生代农民工至少可以觉得自己在外表上已经成为"城里人"。

三、再嵌入:重新整合中的消费

尽管新生代农民工沉浸于繁华的"消费王国",但多样化的消费选择也不免让其感到迷茫和彷徨。对于新生代农民工而言,他们通过模仿城里人的消费品位、生活方式来改变自我,从而获得相应的身份认同。"白皙的皮肤""苗条或健硕的身材""潮流的打扮""舒适的生活"对于他们而言就是城里人的特权。于是,尽管收入不算丰厚,他们大多也会常去商场、美容院等场所进行消费,尤其是女性农民工会进行面部保养,使自己更加符合城里人的身体要求。模仿消费似乎已经成为新生代农民工的一种消费方式。他们中的不少人都追随时尚的风向标,部分表示会天天上网看衣服,虽然可能不买,但是要了解现在流行的款式。由此可见,他们在身体消费实践方面早已被"无形的市场力量"牵绊,并以此来塑造自我的独特性，创造属于自己的生活。

在消费社会能够驾轻就熟后，新生代农民工便开始不自觉地转向更深层次的身体消费实践。“你别看我身上穿的这件名牌衣服虽然是假的，但认识的肯定觉得你比较有钱，一定受女孩子欢迎，好(容易)找女朋友。”(访谈编号：ZKF－M－26)“(我)来上海快20年了，老家已经不怎么回了，应该会在上海定居。(但)想着看能不能卖掉老家的房子后在上海买套房子，真正地成为上海人。房子才是大事。”(访谈编号：LFZ－M－52)由此可见，在消费自我区分中，更深层次的是消费趋同性，即通过时尚元素的组合来确认自己的身份。这种“再嵌入”实际上已经变成一种面向消费的社会驯化模式。

第二节　结构维度：身体实践的结构性约束

一、“压缩式现代化”：制度限定中的消费趋同性

我国的现代化进程晚于西方社会，导致“第一现代性”“第二现代性”几乎是叠加进行的。“压缩式现代性”(compressed modernity)是当代社会的普遍特征(Chang，2010)。我国也正在经历这种“压缩式现代化”，在此大背景下的社会个体化也有了更丰富的内涵。一般而言，个体化包括三个维度：一是解放维度，个体从传统社会形式与义务中脱离出来；二是祛魅维度，实践知识、宗教信仰、和规范相关的稳定性与安全性逐步丧失；三是重新整合维度，即新型社会义务的再嵌入性(Beck，1992)。前两个维度可以用“脱嵌”或者“去传统化”来概括，最后一个维度可以用制度化来概括。

总体而言，我国社会个体化进程中的“脱嵌”是国家主导的、自上而下

的。并且，这一过程在三个层面展开：一是制度层面。国家通过产业结构调整、市场经济转型、完善教育体系和社会保障制度改革等一系列措施，将个体置于劳动力市场之中，让个体自谋生路。二是意识形态层面。国家在社会转型和变革的整个过程中，从公共话语层面对个体进行强有力的价值塑造，使集体主义价值观实现了去传统化，促使个体发展成为自我负责和风险自担的个体。三是现实层面，通过广泛的社会流动推动个体化发展。我国的社会流动是在国家和市场的双重助力下发展起来的（阎云翔，2012）。从本质上看来，社会流动产生的根本原因在于地区间的资源分布不平衡，市场需要自由和流动的劳动力，国家则利用人口流动优化资源配置，刺激经济发展。新生代农民工在成长阶段虽然并未完全经历这种骤然的“脱嵌”过程，但是他们却在社会化的过程中养成了独立、自立的意识，并能在社会结构的快速变迁和发展中找到适合自己的生活轨迹。

在个体化社会，新的生活方式表现为现代社会新的规则和要求。现代社会的核心制度，如社会权利、维系和实现这些权利的教育系统、劳动市场和社会流动机制等，都划定了个体行动的界限。因此，个体对于基本权利的诉求已经内化，人人都有明确的自我负责和风险自担的生存意识，并积极参与经济活动以谋求生计。但我国社会个体化的现实基础和进程与西欧国家有很大不同：一是我国的个人主义不像西方哲学个体主义中的自主、平等、自立那样涵盖较多内容；二是我国的个体化进程中的“脱嵌”突出表现为自上而下的、制度性的，这在很大程度上决定了个体必须进行制度化的“再嵌入”（阎云翔，2012）。这导致了社会成员具有相当一致性的生活模式，使新生代农民工身体消费实践具有一些共同特征。

因此，个体化似乎存在一种悖论。一方面，社会发展和人本身的需求催生了个体化社会和个体的崛起；另一方面，个体又不完全是自由的。成为一个独立的个体，似乎应该意味着个体不像任何其他人一样。但事实恰恰相反，个体之间是极其相似的，因为他们在社会机制的形塑下，形成了相对一致的生活策略和生活方式。不难解释，新生代农民工的身体消费实践行为与选择几乎是每个年轻人都要经历的。他们既是自我选择的，同时又是被迫从众的，他们在结构化背景和社会发展趋势下不得不遵循相对一致的生活策略和行为选择。

二、从“标准化人生”到“选择性人生”：内嵌的消费差异性

中国社会的个体化是以一种独特的方式展开的。国家在推动个体化的同时也在约束个体化，使其与国家认可的意识形态和价值体系趋同。对于个人来说，个体化社会的来临使原来的“标准化人生”变为“选择性人生”。但是，“选择性人生”同时也是一种“风险人生”，个体除了要面对全球化和市场经济的动荡，还要面对不完善的制度所造成的一些问题。制度的福利性不足一直是既成事实，虽然国家通过给企业和个人松绑来激发人们的工作热情、工作效率和创造力，但是个体同时也进入了充斥着不平等、流动和竞争的劳动力市场之中，并不得不在这种强大的旋涡中做出选择。换言之，个体化进程虽然带来了社会流动和自由选择，但是却缺乏相应的制度保障和体系化支持。这在新生代农民工身上体现得尤为明显。他们的“选择性人生”需要面对更多的不确定性，尤其是流动到城市后在工作、生活方面面临的挑战。

个体化进程带来了个人与社会关系的重构，也让个体摆脱了基于阶层的分层机制。随着社会的发展，阶层概念越来越不能解释和概括全部的现实生活，但是这并不意味着社会不平等的消失。相关研究认为，我国转型后的社会分层体系具有多元化特征，个体化社会是生活风格和生活方式多样化的社会，个体化后的认同也更多地基于生活方式的选择，因而很难在相同的阶层地位之间形成政治认同和政治组织（郭莉，2014）。个

体在面对工作、生活中的挑战时缺乏必要的组织支持，不得不通过家庭或社会关系网络等传统途径寻求支持，由此形成了个体之间的消费差异和社会不平等。而且，引发不平等的最重要的影响因素是结构性差异，如区域性差异对个人收入的影响最大、户籍性质对社会地位的影响最大，这种差异是个体摆脱不了的(谢宇，2010)。

由此可见，在“第一现代性”下，由阶层、宗教、性别、地位等传统因素形成的社会秩序是确定和清晰的，规定了个体行为的界限。而在“第二现代性”下，个体获得了更多自由，并能够以自己希望的方式展开工作和生活。从前文对新生代农民工群体的分析中可以发现，他们来自农村地区，受到地区差异、教育不平等等结构性因素的影响，自身文化资本、社会资本不足，进而在劳动力市场和整个社会分层体系中处于弱势地位。受到城市文化、消费文化的影响，他们虽然在不断模仿和学习各类身体实践活动，形成类似毛斯所说的趋于一致性的“身体技术”，但其中的结构性差异又是在短时间内难以跨越的。

第三节　行动维度：生活方式的个体化隐喻

一、“为自己而活”：自我生涯的书写

现代性不仅带来整个社会的巨变，而且从根本上是人自身的转变。“为自己而活”的想法并不是最近才有的，在个体化社会，这一想法已成为无数人共同的愿望，并且比过去任何时候都要强烈，甚至成为部分当代人共同的情感和行为倾向。对于生活方式而言，去传统化和“脱嵌”意味着行动者通过传统的规则和仪式来组织自己行为和生活的方式越来越少，自反性个体从确定性中发展起来。现代社会的新要求和新规则赋予个体

新的使命，使个体具有了选择的自由。通过劳动力市场这个媒介，个体成为重新规划和组织自己生活的积极行动者，从而把握自己的发展道路和人生方向，形成“为自己而活”的状态。第二现代性社会的典型特征就是DIY(do it yourself)，个体愈发成为塑造自己生存与生活方式的主要因素，从原来国家认可的“标准化人生”转变为“选择性人生”“自反性人生”或“自主性人生”。

在当下，“为自己而活”具有以下特征(贝克、吉恩斯海姆，2011：27-34)：首先，“为自己而活”的冲动及其可能性源于社会的高度分化，整个社会成为一个既相互依赖又各自独立的体系。其次，“为自己而活”意味着一种“试验性的生活”，即没有现成的模式可以参照。面对去传统化和全球化的挑战，人们已经很难从上一辈那里寻求有效的经验支撑，只能在不确定性中独自前行。最后，“为自己而活”意味着个体的生活方式既成为自我选择的，又成为风险自担的。传统的由阶层和家庭确定的确定性命运转化为“依赖行动者自决”的反思性命运，个体从既定的命数中解脱出来，将社会预定的生涯转化为自我创造并不断地被创造的生涯(张爱华，2011)。与此同时，结构性的压力如全球化及其不平等、社会排斥、阶层固化等制度性失衡所造成的社会风险都将落到个人身上，个体需要对自己的人生负责，成为自我生涯的设计者和书写者。

新生代农民工是“为自己而活”的实践者。他们远离家乡，成为“北漂”“沪漂”等城市流动群体，追求新的生活机会和生活经历，建构属于自己的生活方式。多样化的身体消费实践行为意味着他们可以过自己想过的生活，可以不用在意他人的感受，可以跨越文化、资本的约束和制度的限制，根据自己的选择和角色塑造自己的生活方式。其实，不仅仅是新生代农民工，当代社会青年也都生活在这样的结构序列和社会时空之中。个体自我实现的伦理在现代社会中处于最有利的位置，这是这个时代最重要的特征，同时也是潜藏在家庭与全球性别革命之后最为根本的原因（贝克、贝克-吉恩斯海姆，2011：27）。

二、流动的体验：自由选择中的风险与不确定性

阿马蒂亚·森（Amartya Sen，2002：30）在《以自由看待发展》一书中提到，衡量发展的最高价值标准就是“人获得充分的自由”。这里的“自由”指的是人们拥有能够享受他们所珍视、向往的那种生活的可行能力。自由是实质意义上的自由，意味着每个人享有各种机会和选择的自由。“发展”则是扩展这种自由并使自由最终实现的过程。自由与发展之间的关系表现在以下三个方面：第一，自由是衡量发展的价值尺度；第二，自由是促进发展的工具和手段，以自由之手谋求发展之目的；第三，自由是社会的承诺，以自由指引发展才能实现个人价值与社会价值、个人选择与社会选择、个人发展与社会发展的融合（卢文华，2016）。

在新生代农民工群体中，相当一部分人是自己主动选择远离家乡和亲人到城市工作的。即使家乡竞争压力小、工作稳定，还可以享受到来自家人和亲戚的关怀，他们仍然选择到更广阔的天地去实现自我，因为其内心都抱有一种对未来的期许。换言之，这种生活方式也是一些新生代农民工的主动选择，因为获得“自由”和私人生活不被打扰对于他们来说是非常珍贵的，即使每月的生活成本对于他们来说是一笔不小的开销。他们的身体消费行为是基于自由和发展的综合抉择，寻求发展是为了实现自我的最终自由；对私人生活自由的要求也是为了最大限度地实现自我再生产，确保自己能够以更好的状态应对工作、生活中的挑战。

在自由之外，个体化的生活方式在指向不确定的同时，也指向个体生涯风险。鲍曼认为，当今社会是“流动的现代社会”，“流动的现代性”带来“流动的生活”和流动的体验，人们的生活处于一种永不确定的环境中，缺

乏稳定性。“流动的生活”给个体带来挥之不去的焦虑，人们害怕赶不上潮流的变化，害怕被别人抛在身后，害怕被时代抛弃。中国正以史无前例的速度步入现代社会，在全球化的外力推动与国家内部转型的双重驱动下，面临一定的社会风险（张广利、黄成亮，2016）。个体对风险的感知能力也越来越强，从而陷入一种“焦虑”中。同时，社会的个体化浪潮导致个体的原子化趋势，流动状态也使个体难以建立稳固和亲密的社会交往关系。而且，离散的家庭也难以提供有效的情感支持。互联网虽然能够让个体随时与外界取得联系，但是其所带来的缺场交往也使社交越来越转向虚拟化，甚至加剧了个体自我的困境。在风险和焦虑的围困下，自由的个体同时成为失落的个体。

第四节 结构与行动的互构：国家规制与自反性个体

个体化本身就蕴含了结构与行动、国家与个体的互动。我国个体化进程虽然具有特殊性，但是也具备个体化理论的普遍特征。新生代农民工的身体消费实践可以看作个体在不断的结构变迁中做出主体性选择的行动实践。

一、国家主导下的个人主体性再造

西方社会的个体化进程是在资本主义发展到一定阶段后，在全球化的推进和个体对自身权利、义务的自主性要求下，自下而上进行的运动：先是日常生活发生转变，然后上升到制度层面，最后引起社会结构的改变。我国的情况则明显不同，无论是现代化还是城市化，都是在国家力量的支配下自上而下进行的：先是制度层面发生大的转变，然后渗透到人们的日常生活（阎云翔，2012）。在这一过程中，国家扮演了重要的角色：一方面利用国家力量维持社会秩序和社会稳定，另一方面动员、引导个体参与到社会变革中来，尤其是通过经济上的引导，推进了全社会的大范围流动，使更多人依靠劳动改变了自身命运。“民工潮”正是在这一宏大背景下产生的。

除了制度安排，在个体化进程中，国家的主导作用还突出表现在对主体性的塑造上。我国个体化的本质在于个体化是我国追寻现代化的一种特殊策略或手段（阎云翔，2012：375）。对现代化道路的探索是在国家层面展开的，随后在社会和个人层面进行实践。在由国家掌控的现代化和个体化进程中，有一条连接国家和个体的话语主线，即为了实现民族复兴和国家现代化，个体必须承担更多责任，对自己的生活负责，同时，个人要服从于更大的集体。一方面国家促使个体发展成为具有主体性的个体，另一方面又规定了其主体性的界限。当然，国家话语对个人主体性的再造经历了一个过程，这种话语实践也具体体现在国家政策、体制改革和各种规则当中。在计划经济时代，户籍制度、农村公社制度和城市单位制度将个人从宗族、家庭等社会范畴中抽离出来，个体开始作为建设社会主义的一分子加入新的组织体系中。这一时期，国家话语力图将个体塑造成政党和国家的“模范公民”。自 20 世纪 80 年代初期开始，国家逐渐“松绑”，推进国企改革，允许农村剩余劳动力到劳动力市场中寻求工作和发展。新时期的国家话语则开始建构新的主体性，个体逐渐具有了努力奋斗、参与竞争、追求个人权益、自我负责的新主体性，成为国家现代化建设的中坚力量。

这表明，我国的个体化是国家追寻现代化发展的手段和策略。国家虽然要求个体承担实现现代化建设的责任和义务，但也逐渐从私人生活中撤出，并建立起了保障个人追求自由与幸福生活的各种制度。在这一过程中，个体变得愈加重视个人权利，重视当下生活的感受与体验。个体在拥有更多自由选择、自由发展机会的同时，也要承担更多的责任和风险，这种主体意识已经内化为个人的行为倾向系统。

二、个体化生活方式与社会整合

新生代农民工的生活方式具有个体化特征。从结构维度来看，一方面，制度性的“脱嵌”与再嵌入促使他们发展成为独立自主、自力更生的个体，为自我生涯负责；另一方面，福利体系的不完善和社会不平等使他们的自我生涯面临各种风险。从行动维度来看，一方面，他们从传统的确定性中脱离，在劳动力市场中对自己的生涯进行规划和组织，并根据选择来决定自己的人生方向，呈现出一种“为自己而活”的姿态；另一方面，他们在面临各种压力和风险的同时，也呈现出一种焦虑与失落的状态。

在一定意义上，新生代农民工的身体消费实践所反映的个体化生活方式具有历史发展的必然性。这种个体化的生活方式实际上是国家进行社会整合的体现，即通过个体的自我整合和自我治理实现宏观层面的社会整合和社会治理。国家通过制度性措施影响个体生涯的发展轨迹，最终促使社会成员形成了相对一致的生活方式，这既是个体进行自我治理的过程，也是国家进行社会整合的过程。这类似新自由主义中的生命政治治理。新自由主义一方面要削减国家福利和安全体系，另一方面要求个人成为自由的、进取的、自治的个人。新自由主义治理实现的前提是个体必须认为自己既是自由的，又是负责的，并据此行动(Rose，1996：63)。因此，通过个体的自由，自我治理能力被转嫁到个人身上，人们由此而形成的行为方式和自我评价方式就会符合治理的目标(张一兵，2007：210)。

总之，国家往往利用普遍的生活方式来维持社会秩序，通过利用个人的自我治理和自我整合来实现社会治理和社会整合。在全球化、市场化日益侵入人们日常生活的现实背景下，将青年群体制度性地嵌入国家结构和制度体系中，既实现了社会整合，又在一定程度上为他们提供了本体性安全。由此看来，个体化的进程在促进个人自由的同时，由于个人选择的有限性、个人生涯的风险性，个体反而无法自决，最终不得不寻求制度的庇护。因此，国家通过推动制度变革和意识形态塑造等，对个人进行主体性再造。

三、“奋斗自我”：个体与社会的互动

“第二现代性”下的个体既是自反性的个体，也是能动性的个体。个体化社会需要个体成为自我生涯的设计者和风险的承担者，个体必须对自己负责。宏观的社会改革和急剧的社会变迁非个人所能控制，但是在个体行动与社会结构之间存在一定的张力，个体仍然可以根据主体性做出选择，即使这一选择的范围是有限的。个体化视角重新界定了行动和结构之间的关系，个体从传统的制约中抽离，继而又能动性地再嵌入社会系统中。这种再嵌入具有反思性特征，个体自觉地通过反思性调节和社会实践，在传统的断裂和社会结构的变动中做出自我选择，继而在个体与社会之间形成了一种动态的互动关系。生活方式在本质上就是个体能动性的社会实践，新生代农民工通过对自身生活方式的能动性建构，进行自我社会的再生产，以此实现与社会结构的互动。

新生代农民工是在当今中国快速的市场转型和剧烈的社会变革中成长的一代，他们是接受更多教育的一代，拥有父辈们从未有过的发展机遇。与此同时，他们也面临着父辈们从未承受过的巨大的市场竞争压力和社会风险。如果他们想在这个巨变的时代站稳脚跟，就必须奋斗。与贝克相比，阎云翔着重关注了个体化进程的主观领域，他分析了中国“奋

斗个体化”的形成过程，认为“奋斗自我”与罗斯的“事业自我”类似，都是自我驱动的、坚定的主体。奋斗中的个体希望遵照个人计划改善生活，想方设法过“属于自己的生活”，或者追求“自主的人生”（贝克、贝克-吉恩斯海姆，2011：9）。新生代农民工比较符合“奋斗个体”的群像：一方面，他们努力工作以提升自己的行动能力，最终实现自我和社会地位的再生产；另一方面，这种奋斗行为组成了他们生活中的大部分内容，加上多样化的身体消费实践，最终形成了他们个体化的生活方式。

结语：身体实践中的主体性与文化调适

新生代农民工的身体消费实践是具有主体性的个人通过反思性实践而形成整体性生活方式的过程，存在物质身体、文化身体、技术身体与数字身体的多维面向，既是他们的身体资本、社会资本、文化资本相互转化的过程，也是他们逐步实现对城市物质文化、制度文化和观念文化的调适过程。它塑造了这一群体的个体社会化和“城市性”，在文化整合中重构了新生代农民工的日常生活世界。身体消费实践带来的消费美学霸权与普遍化身份焦虑，也在一定程度上造就了消费社会的“新穷人”。他们的身体消费过程，也是规训权力和主体性力量相互建构的实践过程。

一、从物质身体、文化身体、技术身体到数字身体：身体实践的多维面向

在与城市文化的互动过程中，新生代农民工的思想、观念与行为都在发生改变。在其具体的、鲜活的身体实践与身体经验中，呈现出来的是从

物质身体、文化身体、技术身体到数字化身体的多维样态。长期以来，学界对于“身体”的理解大致经历了从“机械身体论”到“知觉身体论”，再到“技术身体论”的演进脉络（张萱、张一雄，2021）。技术哲学家伊德（Ihde，2002）则将其概括为“三个身体”：一是物质身体，如胡塞尔、梅洛-庞蒂等现象学派提出的肉身意义层面的身体，是个体存在并感知世界的基本方式；二是文化身体，以福柯等批判现象学派提出的作为文化建构的身体，是社会形塑、权力规训的产物；三是技术身体，即通过生物技术、医疗技术、赛博空间等技术手段建构的身体。当然，这些技术也使物质的身体发展、转化为文化的身体。在当代，我们更须在这三种身体的基础上，关注新的身体形态——数字化身体。这不仅是整个社会数字化转型的必然结果，也是具有鲜明代际特征的新生代农民工群体身体实践的显著要素。

如前所述，新生代农民工作为流动人口进入城市后，为了更好地适应城市文化与生活，他们通过面部消费、服饰消费、健身消费、养生消费、整容消费、电子产品消费等，不断改变自己的“外在身体”与“内在身体”，以改造和除去身体的“乡土性”，寻求与获得更多身体的“城市性”。这几年，在突如其来的公共卫生事件中，技术身体也逐渐超越了对物质身体的改造，转而寻求数字化身体的建立。这种数字化身体的建立意味着对身体的评估、判断不再局限于肉身层面的感知与反馈，还延伸到了数字信息技术层面，形成了新的规训空间与身体消费实践。在此情境下，新生代农民工也需要积极管理和约束自己，建立符合标准的数字化身体。由此可见，数字技术的发展建构了一种由技术连接起来的新的身体体验，这构成了新生代农民工身体实践所面临的新社会情境。

由此，新生代农民工在“回不去的乡村”“不断流动的身体”之外，更多了“数字化身体”与“限制流动的身体”。他们改变旧身体，建立新身体，不再是主观意义上“想”与“不想”的问题，而是不断发展的数字技术“能”与

“不能”的问题。在技术哲学家看来，任何技术终将成为身体的技术，任何身体都是处在技术环境中的身体。在医疗、信息化、数字化不断发展的今天，克服物质身体的缺陷已经不再是幻想，物质身体在技术帮助下可以不断进化，它所承担的象征意义也因此而改变。身体不再是纯粹的自然性事实，不再是纯粹的有机体，不再仅仅是医学、生物学和人类学的对象（汪民安，2004）。在数字化转型的趋向下，我们的身体在现实与虚拟融合的生活环境中既“在场”又“离场”，在自然与技术混合的社会情境中既是客观的又是主观的，既被不断建构也被不断解构。在物质身体、文化身体、技术身体与数字化身体的相互交织中，新生代农民工基于新身体体验后的自我理解、身份认同与意义建构等，还需要学者进一步探索与思考。

二、从身体资本、社会资本到文化资本：身体消费的路径与价值

新生代农民工在消费时并不忽视对外表的投资，有的甚至将这部分支出作为自己日常开支的一大部分。不论这是有意识的还是无意识的行为，这都会逐渐积累他们的身体资本、社会资本乃至文化资本。布尔迪厄将身体视为形成各类资源不可或缺的基础性要素，身体资本的生产就是身体通过社会场域中具有价值的技术方式实现发展。文化资本则是对符合社会主流文化的行为、惯习与态度的熟悉和掌握。布尔迪厄在分析文化资本时，提到文化资本共有三种形态：具体化文化资本、客观化文化资本与制度化文化资本。其中，具体化文化资本体现为身体与心智上的持久倾向，如审美品位、语义解释等，这种形式的文化资本即为身体资本。这样概括是有益的，它使我们能够考察创造了其他所有资本形式基础的那些具身体现形式（希林，2010：122）。

新生代农民工的身体消费过程，既是身体资本不断被建构的过程，也

是身体资本进一步转化为社会资本、文化资本的过程。如前所述，新生代农民工的身体消费行为具有显著的代际特征：在消费观念上，表达性消费已经超越了工具性消费；在消费方式上，以网络消费为主，消费工具和消费制度均以互联网为基础；在消费行为上，模仿消费、符号消费等成为主要趋势，同时炫耀性消费、超前消费等消费行为也同样存在；在消费模式上，他们的消费行为具有市民化趋向。新生代农民工群体进城后学习城市文化模式的动机和过程，与中产阶层模仿上流社会的文化现象非常相似（朱虹，2008）。尤其是在网络化时代，他们通过智能手机可以较好地连接世界，从而了解各方面信息，在人际交往、工作、生活、休闲等方面获得巨大的便利。他们的身体已经是一种资本，而且是一种作为价值承载者的资本。并且，其身体资本和其他资本一直在不断地相互转换。如身体资本被转换成以货币、物品和服务为体现的经济资本，转化成以社会网络、社会连接、社会认同为体现的社会资本，也转化成逐渐符合城市文化和主流价值观念的行为、惯习和态度的文化资本，从而促进了他们的城市适应进程。

希林（2010：137）认为，身体资本无论是在生产过程中，还是在转换过程中，都不是没有问题的，也并非没有限制。照此观点，身体资本的积累和传承本身就是不稳定的，因此，新生代农民工想通过身体资本的积累而实现身份认同和文化自觉，无疑是一条曲折之路。自我认同的本质是个人在处理与社会关系过程中，通过对于某一群体的价值认同而形成自我与他人、社会的和谐关系（潘泽泉，2007：373）。因此，新生代农民工群体需要不断适应城市生活方式，并实现与城市居民的良性互动，才可能适应城市文化。他们的身体消费是具有主体性个人的一种反思性实践，他们通过这种生活实践，逐步实现对城市物质文化、制度文化和观念文化的调适。但文化适应是一个漫长的过程。

三、身体消费中的个体社会化与不完整的“城市性”

西方社会在经历了漫长的禁欲苦行主义之后，身体作为解放人的符号逐渐被人们重新发现。与之类似，中华人民共和国成立初期的“苦行者社会”也实施了消费抑制和“神圣化激励”。随后，在改革开放进程中，国家逐渐放松了对社会生活领域的直接干预，使社会氛围变得相对自主化和生活化，身体又重新回到个体的私人领域，更多人把现实生活的消费、感受和体验作为生活的重要内容，由此导致了一场新的“个体社会化”进程，影响了个体对现代性语境下的自我认同与日常生活世界的重构。“个体社会化”既包含自我价值的形成和多样性社会化过程的扩展，也包含个人风险的扩散。尤其是当代科技进步和医学技术发展对身体的塑造和改变，产生了法律、伦理和社会等方面的风险和争议。新生代农民工身体建构的结构图式编织出了他们多样化个人需求和个体选择的连续谱系，再现了他们在城市生活中的自我论证、自我发展与自我认同，这完全有别于传统社会具有高度同质性的社会化进程，也有别于其父辈的城市生活群像。这种新的“个体社会化”的生产，既源于青年群体明显的代际特征，也源于消费文化和城市生活的本质属性。

身体建构既是一种自我塑造和认同表达，也是“城市性”建构的镜像。新生代农民工渴望获得城里人的身份，他们在外表穿着方面已经和城里人没有本质的差异。在“个体社会化”进程中，他们在生活方式上具有鲜明的“城市性”，并逐渐发展出金钱崇拜、务实态度、分辨力钝化、张扬个性、表现自我、热衷消费、追求时尚等齐美尔所说的“大都市型人格”。但他们在理性思维和社会认知上仍然和城里人有一定的差距，他们眼中的城里人是“精打细算”“善于算计”和“十分讲究”的。只有少数受访者认同“感觉自己更像城里人”，相比之下，基本所有人都认为身体建构有助于拓展社会交往范围和重建生活世界。他们在身体塑造后会更积极、更有信心与人打交道，继而融入城市生活中。但新生代农民工的"城市性"是不完整的，尤其是在自我认同上仍然与城里人存在一定的隔离。类似的研究也表明，当打工妹满足身体建构的欲望时，她们犹如"现代意义上的消费者"；当她们在消费中省吃俭用时，她们又明白自己其实不过是一个"生产者"。她们的身份在消费者和生产者、城里人和乡下人之间"来回游走"，造成无所归属的失落与迷惘。本来，物质身体、文化身体与技术身体三者之间相互建构，共同发展。但在数字转型的时代背景下，数字身体的建构则进一步拓展了这三个身体之间的关系，使新生代农民工在身体改造、身体娱乐与身体管理中不断遭遇张力与矛盾，形成了不同于其他群体的身体体验，甚至是身份认同危机。

四、身体美学霸权与消费空间的"新穷人"

当前，消费主义在解放以往附着在身体上的束缚与遮蔽的同时，也因身体美学的标准化和普遍化运作，不可避免地带来对身体的压制和"暴力"(周宪，2004：144)。在身体愈加鲜艳、美丽的表象下，不可忽视的是消费文化、生产资本和技术理性共同对身体的规范化训练和结构性约束。这种身体美学霸权不再以暴力手段作为支撑，而是通过"标准化身体"的吸引和同化，使个人尤其是青年群体在不知不觉中主动进入这个规训的牢笼。这种趋向是持续而稳固的，绝望和时间能够销蚀钢铁的镣铐，却无力破坏这两者的习惯性结合，反而只能使之变得更紧密(福柯，2007：167)。在巴特勒(Butler，2011：69)看来，这种身体美学是一种"想象性身体形态学"。正是由于身体形态学的发展，身体才获得了"物质性"。身体形态学之所以是一种想象，因为它是按照权力的要求对身体进行训练、塑造、加工、改变和制造的，使个体的身体"存在"成为可能，从而形成社会认可的形态、功能、意义与其他符码(范譞,2012)。

在《工作、消费、新穷人》一书中,鲍曼(2010)提出了消费社会的"新穷人":有缺陷、不完美和先天不足的,即准备不充分的消费者。贫穷意味着金钱的极度匮乏,有限的收入仅能维持基本生存需要,在面对消费社会提供的琳琅满目的商品时无法选择。但这里的贫穷不能简单理解为"物质匮乏"和"身体的痛苦",贫穷也包括被排除在正常生活之外的社会地位、自我信心丧失的社会和心理状况,由此导致一个底层社会群体的出现。鲍曼认为,在资本主义从生产社会向消费社会转型的过程中,在福利国家解构、新的"工作美学"取代传统的"工作伦理"时,底层群体会变得比任何过往时代都更加"无望"和"痛楚"。在这个意义上,新生代农民工也可能成为消费社会的"新穷人"。相关研究表明,与老一代农民工相比,新生代农民工的消费模式有所变化:消费结构从简单转向复杂,消费工具从传统转向现代,消费行为从保守转向开放,消费心理从后卫转向前卫。具体而言,他们的身体建构出现了明显的结构失衡和消费分层,引发了他们的社会区隔和社会网络重组,导致微观世界权力格局变迁。而且,他们的消费欲望凸显、个体主义张扬乃至身体审美庸俗化,这势必对他们的自我建构和城市融合产生消极影响。

五、规训权力与主体性再造:身体实践的隐性逻辑与行动策略

新生代农民工的身体消费实践既是其根据外部环境的自我调适,也是某种程度上的"再社会化"行为。他们在城市不断受到消费主义文化、数字化转型的影响,加上经济收入、同辈群体、职业发展、自我定位、科学技术、大众传媒等多重因素的交互影响,他们只能在商品中识别出自身,在汽车、高保真度音响设备、错层式房屋、厨房设备中找到自己的灵魂,逐渐失去了独立性和主体性(马尔库塞,1998:9)。也就是说,当身体问题和

消费主义日益紧密结合在一起的时候，我们有必要保持一份警醒与不安。消费文化、权力资本与数字技术等结合在一起，反对个体的身体与“自然”的身体，为身体的改造、变革提供了一系列方式与手段。个体越来越依靠重置、转变和修正的幻想，无限改进和改变，对抗历史性、必死性，甚至是身体的物质性（鲍尔多，2009：1）。

美国历史学家克恩（Kern）认为，我们的时代是一个痴迷于青春、健康与外表美丽的时代，电视、电影和占主导地位的视觉媒体不断地提醒我们，优雅自然的身体、面带笑靥是获取幸福至关重要的因素（Featherstone, Hepworth, and Turner, 1990：117）。研究发现，新生代农民工在从乡村场域进入城市场域后，其消费观念更加积极、开放，他们在日常生活中通过自主化的行动策略，在不同空间体系中建构了多样化身体形态，甚至在第三重赛博格空间内塑造自己新的“人设”。虽然他们的身体建构受到多重因素的限制，但他们仍然塑造着“城市性”。在日常实践中，新生代农民工通过护肤、化妆、美容、美发、美甲、减肥、健身、整容等方式来塑造城市性身体镜像，进而在文化整合与文化适应中重构了自己的日常生活世界。这也可以被看作由消费文化、大众传媒和技术理性一起形成的，新的权力机制对新生代农民工身体规训的结果。他们的身体建构不仅是其城市适应的外在表征，还是文化融入的内在体现。他们的身体建构过程是其不断积累城市社会的“库存知识”和文化资本的文化调适过程。但这种文化调适并非对城市文化的全部认同和接受，而是从文化接触、冲击、调试到整合的文化嬗变过程，是他们利用逐渐形成的文化自觉性，在对城市生活进行感受、体验和反思的基础上，赋予自我行为以特定的主观意义，从而不断进行自我选择和主体性建构的自我重塑之路。不过，要完全实现新生代农民工的文化自觉和文化系统的重新建构，势必是一个长期而曲折的过程。

参考文献

[1] 王小章. 从“生存”到“承认”：公民权视野下的农民工问题[J]. 社会学研究，2009，24(1)：121－138.

[2] 特纳. 身体与社会[M]. 马海良，赵国新，译. 沈阳：春风文艺出版社，2000.

[3] 阎云翔. 中国社会的个体化[M]. 陆洋，等译. 上海：上海译文出版社，2012.

[4] 文军. 西方社会学理论：经典传统与当代转向[M]. 上海：上海人民出版社，2006.

[5] 许志伟. 基督教神学思想导论[M]. 北京：中国社会科学出版社，2001.

[6] 侯钧生. 西方社会思想史[M]. 天津：南开大学出版社，2007.

[7] 谢立中，阮新邦. 现代性、后现代性社会理论：诠释与评论[M]. 北京：北京大学出版社，2004.

[8] 笛卡尔. 第一哲学沉思集：反驳和答辩[M]. 庞景仁，译. 北京：商务

印书馆,1986.

[9] 尼采. 权力意志：重估一切价值的尝试[M]. 张念东,凌素心,译. 北京：商务印书馆,1991.

[10] 黄金麟. 历史、身体、国家：近代中国的身体形成：1895—1937[M]. 北京：新星出版社,2006.

[11] 韦伯. 新教伦理与资本主义精神[M]. 于晓,陈维纲,等译. 北京：生活·读书·新知三联书店,1987.

[12] 贝尔. 资本主义文化矛盾[M]. 赵一凡,蒲隆,任晓晋,译,北京：生活·读书·新知三联书店,1989.

[13] 毛斯. 社会学与人类学[M]. 佘碧平,译. 上海：上海译文出版社,2003.

[14] 戈夫曼. 日常生活中的自我呈现[M]. 冯钢,译. 北京：北京大学出版社,2008.

[15] 埃利亚斯. 文明的进程：文明的社会起源和心理起源的研究[M]. 王佩莉,袁志英,译. 上海：上海译文出版社,2009.

[16] 吉登斯. 现代性与自我认同：现代晚期的自我与社会[M]. 赵旭东,方文,译. 北京：生活·读书·新知三联书店,1998.

[17] 韦伯. 新教伦理与资本主义精神[M]. 马奇炎,陈婧,译. 北京：北京大学出版社,2012.

[18] 孙淑敏,宋晓晓. 时空规训技术中新生代农民工劳动的异化：基于上海市 S 厂的研究[J]. 华东理工大学学报(社会科学版),2016,31(2)：34－42.

[19] 潘泽泉. 农民工、身体与社会：理论争辩与经验研究[J]. 学习与实践,2008(4)：140－146.

[20] 阎玉芳. 被管理的手：对劳动者身体的控制、规训与劳动者的抗拒：

有关长沙“洗脚妹”的比较研究[D]. 南京：南京大学，2015.
[21] 陈龙. 身体的劳动与劳动者：以足疗店青年女技师为例[J]. 青年研究，2016(2)：77－85.
[22] 江立华，王斌. 农村流动人口研究的再思考：以身体社会学为视角[J]. 社会学评论，2013，1(1)：44－52.
[23] 张丽雯. 身体社会学视角下尘肺病农民工群体的身体体现：基于对山西省 YC 市的考察[D]. 武汉：华中师范大学，2014.
[24] 浙江省团校课题组，蔡宜旦，卫甜甜. 身体经验及生成逻辑：身体社会学视角下的快递小哥[J]. 青少年研究与实践，2017，32(2)：5－12.
[25] 鲍德里亚. 消费社会[M]. 4 版. 刘成富，全志钢，译. 南京：南京大学出版社，2014.
[26] 赵歌. 身体与体育健身现象的文化哲学研究：基于迈克·费瑟斯通消费理论[J]. 体育科学，2016，36(11)：19－30.
[27] 张静文. 美丽规划：关于人造美女的思考[D]. 西安：陕西师范大学，2011.
[28] 何亚珍. 消费时代的身体景观：消费身体的审美研究[D]. 湘潭：湘潭大学，2014.
[29] 董金平. 从权力技术到自我技术：从福柯的视角看女性美容手术的身体建构[J]. 武汉理工大学学报(社会科学版)，2013，26(5)：759－766.
[30] 沈奕斐. 被建构的女性：当代社会性别理论[M]. 上海：上海人民出版社，2005.
[31] 佚名. 文化资本与社会炼金术：布尔迪厄访谈录[M]. 包亚明，译. 上海：上海人民出版社，1997.

[32] 朱虹. 身体资本与打工妹的城市适应[J]. 社会,2008(6): 153 - 175.

[33] 姚同伟. 容貌至上主义: 韩国女性整容文化研究[D]. 北京: 中央民族大学,2017.

[34] 潘毅. 中国女工: 新兴打工阶级的呼唤[M]. 香港: 香港明报出版社, 2007.

[35] 何明洁. 劳动与姐妹分化:"和记"生产政体个案研究[J]. 社会学研究,2009,24(2): 149 - 176.

[36] 鲁佩涛. 身体与服饰: 一项关于农民工与现代性的研究[D]. 沈阳: 沈阳师范大学,2014.

[37] 文军,田珺. 身体、话语和权力:"农民工"群体的污名化建构过程分析[J]. 学术界,2017(9): 154 - 166.

[38] 江叶. 反抗的身体语言: 从文化的角度阐述巴西桑巴舞的形成[J]. 艺术教育,2018(1): 112 - 113.

[39] 孙睿诒,陶双宾. 身体的征用: 一项关于体育与现代性的研究[J]. 社会学研究,2012,27(6): 125 - 145.

[40] 福柯. 临床医学的诞生[M]. 刘北成,译. 南京: 译林出版社,2001.

[41] SHILLING C. The body in culture, technology and society[M]. London: SAGE Publications Ltd, 2005.

[42] LOCK M, FARQUHAR J. Beyond the body proper: reading the anthropology of material life [M]. Durham: Duke University Press, 2007.

[43] HARRISON T. Globalization and the trade in human body parts [J]. Canadian review of sociology, 1999, 36(1): 21 - 35.

[44] 余成普. 器官移植病人的后移植生活: 一项身体研究[J]. 开放时代, 2011(11): 130 - 152.

[45] 余成普. 身体、文化与自我：一项关于器官移植者自我认同的研究[J]. 思想战线，2014，40(4)：62-68.

[46] 余成普，袁栩，李鹏. 生命的礼物：器官捐赠中的身体让渡、分配与回馈[J]. 社会学研究，2014，29(3)：121-144.

[47] 廖菲. 身体·心理·社会：对乙肝群体的社会心理研究[M]. 北京：北京图书馆出版社，2006.

[48] 黄盈盈，鲍雨. 经历乳腺癌：从"疾病"到"残缺"的女性身体[J]. 社会，2013，33(2)：185-207.

[49] 鲍雨，黄盈盈. 经历乳腺癌：疾病与性别情境中的身体认同[J]. 妇女研究论丛，2014(2)：85-95.

[50] 苏春艳. 病痛的重量：一项对"未知病毒感染者"的人类学考察[J]. 北方民族大学学报(哲学社会科学版)，2014(6)：86-91.

[51] 赵周华，王树进. 人口老龄化与居民消费结构变动的灰色关联分析[J]. 统计与决策，2018，34(9)：108-111.

[52] 王宁，严霞. 两栖消费与两栖认同：对广州市 J 工业区服务业打工妹身体消费的质性研究[J]. 江苏社会科学，2011(4)：90-100.

[53] 余晓敏，潘毅. 消费社会与"新生代打工妹"主体性再造[J]. 社会学研究，2008(3)：143-171.

[54] 唐有财. 新生代农民工消费研究[J]. 学习与实践，2009(12)：102-107.

[55] 唐军，谢子龙. 移动互联时代的规训与区分：对健身实践的社会学考察[J]. 社会学研究，2019，34(1)：29-56.

[56] 胡良益，刘永宁，吴春梅. "朋克养生"的青年亚文化现象解析[J]. 当代青年研究，2019(1)：75-79.

[57] 张晓梅. 2005 中国美容经济年度报告[M]. 成都：四川科学技术出版

社，2005.
[58] 樊嘉宁. 女性整容者的角色认知及其意义[D]. 哈尔滨：哈尔滨工业大学，2017.
[59] 莫斯，涂尔干，于贝尔. 论技术、技艺与文明[M]. 蒙养山人，译. 北京：世界图书出版公司北京公司，2010.
[60] 冯桂林，李淋. 我国当代农民工的消费行为研究[J]. 江汉论坛，1997(4)：74－78.
[61] 李善同，WENDYW. 农民工在城市的就业、收入与公共服务：城市贫困的视角[M]. 北京：经济科学出版社，2009.
[62] 童玉琴. 新老两代农民工消费行为比较研究：基于合肥市的调查[D]. 合肥：安徽大学，2016.
[63] 孙金花. 新生代农民工消费行为研究：以长春市为例[D]. 长春：吉林农业大学，2017.
[64] 杨彩云，赵方杜. 身体建构与新生代农民工的文化适应：以上海市F区为例[J]. 都市文化研究，2017(2)：195－210.
[65] 李强. 中国外出农民工及其汇款之研究[J]. 社会学研究，2001(4)：64－76.
[66] 张丽. 我最需要的心理学[M]. 北京：九州出版社，2011.
[67] 王宁. 传统消费行为与消费方式的转型：关于扩大内需的一个社会学视角[J]. 广东社会科学，2003(2)：148－153.
[68] 郑震. 论身体[J]. 社会学研究，2003(01)：52－59.
[69] 赵卫华. 独特化还是市民化：新生代农民工消费模式分析[J]. 北京社会科学，2015(3)：39－46.
[70] 张凤华，曾一帆. 社会性别理论视野中的女农民工劳动权益侵害及其应对：以武汉市为例[J]. 社会主义研究，2007(5)：113－116.

[71] 余成跃.转型期中国社会公正问题研究[M].上海：复旦大学出版社,2013.

[72] 吴炳新.消费经济学[M].北京：对外经济贸易大学出版社,2016.

[73] 王春光.新生代农村流动人口的社会认同与城乡融合的关系[J].社会学研究,2001(3)：63－76.

[74] 王亮.新生代农民工的城市身份建构：基于消费与认同理论的分析[J].福建行政学院学报,2018(1)：112－120.

[75] 王美艳.新生代农民工的消费水平与消费结构：与上一代农民工的比较[J].劳动经济研究,2017,5(6)：107－126.

[76] 潘毅.中国女工：新兴打工者主体的形成[M].任焰,译.北京：九州出版社,2011.

[77] 李伟东.消费、娱乐和社会参与：从日常行为看农民工与城市社会的关系[J].城市问题,2006(8)：64－68.

[78] 黄鹭,冯源.新生代农民工市民化意愿对消费行为的影响：以南京市外来务工人员为例[J].农村经济与科技,2016,27(11)：85－88.

[79] 汪国华.生活意义的再造：新生代农民工日常行为的仪式化研究[J].中国青年研究,2010(4)：26－30.

[80] BORDO S. Twilight zones：the hidden life of cultural images from Plato to O. J. [M]. Oakland：University of California Press, 1997.

[81] 方静文.整容在中国何以可能？[J].广西民族研究,2016(2)：2－10.

[82] 郑欣,章译文.“消费式融入”：新生代农民工的城市生活实践及其抗争：基于长三角地区的实证研究[J].中国地质大学学报(社会科学版),2016,16(1)：123－134.

[83] 朱力.论农民工阶层的城市适应[J].江海学刊,2002(6)：82－88.

[84] 朱虹. 打工妹的城市社会化：一项关于农民工城市适应的经验研究[J]. 南京大学学报（哲学·人文科学·社会科学），2004（6）：51－57.
[85] 希林. 身体与社会理论[M]. 李康，译. 北京：北京大学出版社，2010.
[86] 杨发祥，周贤润. 新生代农民工的消费认同：一个社会学的分析框架[J]. 华东理工大学学报（社会科学版），2015，30(6)：31－39.
[87] 顾朝林，刘佳燕，等. 城市社会学[M]. 2 版. 北京：清华大学出版社，2013.
[88] 马杰伟. 酒吧工厂：南中国城市文化研究[M]. 南京：江苏人民出版社，2006.
[89] 马中红. 青年亚文化研究年度报告. 2013[M]. 北京：清华大学出版社，2014.
[90] 焦若水. 反抗符号：山寨消费与消费政治[J]. 兰州大学学报（社会科学版），2014，42(1)：16－22.
[91] 黄寒冰. 时尚的身体抑或异化的身体：消费视域下的身体审美景观及其反思[J]. 浙江社会科学，2018(4)：135－140.
[92] 李华林，刘敏，李天道. 从科学的漠视到审美的暴力：试论理性时代与消费时代的女性身体[J]. 文教资料，2007(12)：126－128.
[93] 李雷. 日常审美时代[M]. 北京：社会科学文献出版社，2014.
[94] 吕春霖. 身体消费与新生代农民工身份认同研究：基于河南省 Y 镇的实地调查[D]. 武汉：华中师范大学，2016.
[95] 汪冬冬. 消费社会中新穷人的生存境遇研究：论鲍曼的后现代穷人观[J]. 华东理工大学学报（社会科学版），2013，28(4)：22－27.
[96] 汪晖. 两种新穷人及其未来：阶级政治的衰落、再形成与新穷人的尊严政治[J]. 开放时代，2014(6)：49－70.

[97] 韩海燕. 城镇居民收入结构、不稳定性与消费研究[M]. 北京：经济日报出版社，2013.
[98] 伍庆. 消费社会与消费认同[M]. 北京：社会科学文献出版社，2009.
[99] 郭科，苏晓君. 阶层固化：新生代农民工的身份认同：基于河南省四城市的调查分析[J]. 四川民族学院学报，2014，23(3)：74-78.
[100] GRAY C H, MENTOR S, FIGUEROA-SARRIERA H J. Cyborgology: constructing the knowledge of cybernetic organisms [M]//GRAY C H. The cyborg handbook. New York: Routledge, 1995: 1-14.
[101] CLYNES M E, KLINE N S. Cyborgs and space [J]. Astronautics, 1960, 14(9): 26-27.
[102] 王昊晟. 人工智能、赛博格与(后)人类主义：当代技术文化思潮研究[D]. 杭州：浙江大学，2021.
[103] 周乐帆. 后疫情时代健康码运用中的技术逻辑与身体政治[J]. 新媒体研究，2022，8(14)：40-45.
[104] SHORT S. Cyborg cinema and contemporary subjectivity [M]. New York: Palgrave Macmillan, 2005.
[105] 凌亢. 中国残疾人事业发展报告. 2021：残疾人体育[M]. 北京：社会科学文献出版社，2021.
[106] 熊伊伊，郑璇. 视障女性推拿技师的城乡流动与职业选择：性别与残障的交叉性研究[J]. 残疾人研究，2021(3)：69-78.
[107] 焦若水，李国权. 残疾人就业：互联网时代的机遇与挑战[J]. 残疾人研究，2019(4)：45-53.
[108] 郭倩. 科幻电影及电子游戏中的赛博空间与符码消费[J]. 中北大学学报(社会科学版)，2020，36(2)：32-38.

[109] 彭兰. 人-机文明：充满“不确定性”的新文明[J]. 探索与争鸣，2020(6)：18－20.

[110] 李晓波，王小玲，高丽，等. 农民工免疫规划相关知识知晓率调查分析[J]. 中国初级卫生保健，2009，23(5)：59－60.

[111] 徐守群. 社区农民工家庭婴幼儿免疫接种认知情况调查[J]. 中国社区医师(医学专业)，2011，13(22)：341－342.

[112] 姚倩. 默沙东九价 HPV 疫苗扩龄市场格局生变[N]. 北京商报，2022－08－31(3).

[113] 吴建平，风笑天. 身体、焦虑与网络[J]. 社会，2003(6)：29－32.

[114] 王玉珏. 主体的生成与反抗：朱迪斯·巴特勒身体政治学理论研究[M]. 北京：北京师范大学出版社，2018.

[115] 冯珠娣，汪民安. 日常生活、身体、政治[J]. 社会学研究，2004(1)：107－113.

[116] 戴雪红. 科学、技术与性别的博弈：论唐娜·哈拉维女性主义认识论的当代价值[J]. 科学技术哲学研究，2018，35(2)：64－69.

[117] HARAWAY D. A Cyborg Manifesto：science，technology，and socialist-feminism in the late 20th century [M]//WEISS J，NOLAN J，HUNSINGER J，et al. The international handbook of virtual learning environments. Dordrecht：Springer，2006：117－158.

[118] 李伟. 从身体美学视角看“赛博格身体”的逻辑生成及身份建构[J]. 广州大学学报(社会科学版)，2022，21(3)：105－118.

[119] 郭凤鸣. 数字经济发展能缓解农民工过度劳动吗？[J]. 浙江学刊，2020(5)：124－133.

[120] THOMPSON E P. Time，work-discipline，and industrial

capitalism[J]. Past & present, 1967, 38(1): 56-97.
[121] 冯向楠,詹婧. 人工智能时代互联网平台劳动过程研究：以平台外卖骑手为例[J]. 社会发展研究,2019,6(3): 61-83.
[122] 罗森布拉特. 优步：算法重新定义工作[M]. 郭丹杰,译. 北京：中信出版社,2019.
[123] 罗萨. 新异化的诞生：社会加速批判理论大纲[M]. 郑作彧,译. 上海：上海人民出版社,2017.
[124] 布尔迪厄. 区分：判断力的社会批判[M]. 刘晖,译. 北京：商务印书馆,2015.
[125] 张萱,张一雄. 健康码：构建身体、技术、传播的新关系：基于河南省洛阳市 LT 社区的实证研究[J]. 文化软实力研究,2021,6(6): 81-90.
[126] 李德仁,邵振峰,杨小敏. 从数字城市到智慧城市的理论与实践[J]. 地理空间信息,2011,9(6): 1-5.
[127] 刘天金,蔡志强. 农民工代际转换问题及其政策调适和制度安排[J]. 宏观经济研究,2007(2): 23-28.
[128] 柏拉图. 斐多：柏拉图对话录之一[M]. 沈阳：辽宁人民出版社,2000.
[129] 欧阳博强,张广胜. 农民工就业分化及其影响因素[J]. 华南农业大学学报(社会科学版),2018,17(3): 48-61.
[130] 陆学艺. 重新认识农民问题：十年来中国农民的变化[J]. 社会学研究,1989(6): 1-14.
[131] 韦吉飞. 阶层分化、代际分工与新生代农民工创业参与意愿[J]. 宏观经济研究,2017(6): 132-146.
[132] 田丰,林凯玄. 岂不怀归：三和青年调查[M]. 北京：海豚出版

社,2020.

[133] 宋双峰,方晓恬,窦少舸. 从娱乐到表达：新生代农民工基于短视频媒介形象建构的身份认同[J]. 新闻春秋,2020(4)：79－86.

[134] 德勒兹. 德勒兹论福柯[M]. 杨凯麟,译. 南京：江苏教育出版社,2006.

[135] 吕鹏. 线上情感劳动与情动劳动的相遇：短视频/直播、网络主播与数字劳动[J]. 国际新闻界,2021,43(12)：53－76.

[136] 陶东风. 消费文化语境中的身体美学[J]. 马克思主义与现实,2010(2)：27－34.

[137] 陈国权. 快手"主流化"之路[J]. 中国记者,2020(08)：84－89.

[138] 陈国权. 努力填平互联网的数字鸿沟：使命感驱动的快手[J]. 中国记者,2020(8)：90－93.

[139] 库利. 人类本性与社会秩序[M]. 包凡一,王源,译. 2 版. 北京：华夏出版社,1999.

[140] 杨向荣. 身体的审美反思及其审美之道建构[J]. 南京社会科学,2022(5)：111－118.

[141] 德勒兹,瓜塔里. 游牧思想：吉尔·德勒兹 费利克斯·瓜塔里读本[M]. 陈永国,编译. 长春：吉林人民出版社,2003.

[142] 穆潇然. 无器官身体与游牧从控制社会语境下谈论"元宇宙"[J]. 上海文化,2022(9)：97－103.

[143] 秦虹,苏鑫. 城市更新[M]. 北京：中信出版社,2018.

[144] CHANG K S. The second modern condition? Compressed modernity as internalized reflexive cosmopolitization[J]. The British journal of sociology, 2010, 61(3)：444－464.

[145] BECK U. Risk society：towards a new modernity[M]. London：

Sage Publications Ltd，1992.

[146] 郭莉. 从下岗女工到“麦工”：一项关于上海阿姐被动个体化与自我再造的民族志研究[D]. 上海：复旦大学，2014.

[147] 谢宇. 认识中国的不平等[J]. 社会，2010，30(3)：1 - 20.

[148] 贝克，贝克-格恩斯海姆. 个体化[M]. 李荣山，范譞，张惠强，译. 北京：北京大学出版社，2011.

[149] 张爱华. 贝克的个体化理论以及对研究中国社会的启示[J]. 理论界，2011(10)：143 - 146.

[150] 森. 以自由看待发展[M]. 任赜，于真，译. 北京：中国人民大学出版社，2002.

[151] 卢文华. 自由与发展：从阿马蒂亚・森的视角分析[J]. 学术交流，2016(1)：103 - 108.

[152] 张广利，黄成亮. 风险社会之动因、结构与后果：基于中西方的比较研究[J]. 北京理工大学学报(社会科学版)，2016，18(4)：137 - 143.

[153] ROSE N. Inventing our selves：psychology，power，and personhood[M]. Cambridge：Cambridge University Press，1996.

[154] 张一兵. 社会批判理论纪事：第 2 辑[M]. 北京：中央编译出版社，2007.

[155] IHDE D. Bodies in technology[M]. Minneapolis：University of Minnesota Press，2002.

[156] 汪民安. 身体的文化政治学[M]. 开封：河南大学出版社，2004.

[157] 潘泽泉. 社会、主体性与秩序：农民工研究的空间转向[M]. 北京：社会科学文献出版社，2007.

[158] 周宪. 20 世纪西方美学[M]. 北京：高等教育出版社，2004.

[159] 福柯. 规训与惩罚：监狱的诞生[M]. 刘北成，杨远婴，译. 3 版. 北京：生活·读书·新知三联书店，2007.

[160] BUTLER J. Bodies that matter: on the discursive limits of sex [M]. London: Routledge, 2011.

[161] 范譞. 物质性与物质化：《身体之重》一书中的身体理论[J]. 社会，2012，32(3)：224－240.

[162] 鲍曼. 工作、消费、新穷人[M]. 仇子明，李兰，译. 长春：吉林出版集团有限责任公司，2010.

[163] 马尔库塞. 单向度的人：发达工业社会意识形态研究[M]. 张峰，吕世平，译. 重庆：重庆出版社，1988.

[164] 鲍尔多. 不能承受之重：女性主义、西方文化与身体[M]. 綦亮，赵育春，译. 南京：江苏人民出版社，2009.

[165] FEATHERSTONE M, HEPWORTH M, TURNER B S. The body: social process and cultural theory [M]. London: SAGE Publications Ltd, 1991.

附 录

附录1 调 查 问 卷

问卷编号：______________　　　　　　　　　　审核人：______________

“流动人口管理和服务对策研究”调查问卷

朋友，您好！

我们是“流动人口管理和服务对策研究”课题组的访问员。

流动人口为中国城市发展做出了巨大贡献，为了全面了解、及时反映该群体在生活、工作、需求等各方面面临的问题，为有关部门制定有针对性的政策提供数据资料，我们专门开展了本次调查。

问卷不涉及个人隐私，所有问题没有对错之分，您只要根据平时的想法和实际情况，实事求是地回答就行。对于您的回答，我们将按照《中华人民共和国统计法》的规定，严格保密，并且只用于学术研究，请您不要有任何顾虑。

调查结束后，我们将有小礼品赠送，衷心感谢您的协助与配合！

南开大学、华东理工大学

联合课题组

受访者姓名		手机号码	
QQ 号码		其他联系方式	
访问员姓名		访问员编号	
访问时间	____月____日,____时____分 到 ____时____分		
访问地点			

A. 个人基本情况

A1. 出生年月：________年________月

A2. 性别：1. 女 2. 男

A3. 民族：1. 汉族 2. 少数民族(请注明)：________族

A4. 您的户籍状况是：

1. 外地农业户籍 2. 外地非农户籍 3. 本地农业户籍 4. 本地非农户籍。

A5. 您的籍贯是：________省________市

A6. 您的受教育程度是：

1. 没上过学 2. 小学 3. 初中 4. 高中 5. 中专/技校/职高 6. 大专 7. 本科 8. 研究生及以上

A7. 您的政治面貌：1. 中共党员 2. 共青团员 3. 普通群众 4. 民主党派人士

A8. 您是否曾经参军：1. 是 2. 否

A9. 您是否担任过村干部：1. 是 2. 否

A10. 您是否有过在老家务农的经验：1. 有 2. 没有

A11. 您是否拥有职业资格或技术等级证书：1. 有 2. 没有

A12. 您全家总人口有：______人,目前与您共同居住的有______人

A13. 您的亲人中，目前在老家生活的有哪些(可多选)：

1. 父母 2. 配偶 3. 子女 4. 祖父母 5. 都不在老家了

A14. 您的婚恋状况是：

1. 未婚，也无恋爱对象 2. 未婚，但有恋爱对象 3. 已婚 4. 离异 5. 丧偶

A15. 您有几个孩子：________个；其中，女孩有________个，18 周岁以下的有________个

A16. 如果可以选择，您希望生育______个孩子，其中男孩______个

A17. 您是哪一年到目前城市的：________年________月

A18. 您家的土地有________亩【注意："没有土地"则填写"0"】

A19. 如果您家有土地，家中土地的使用情况是：

1. 全部自家耕种 2. 部分转包或出租给他人 3. 全部转包或出租给他人

A20. 您一般一年回老家________次【注意：多年才回去一次者填"0"】

A21. 在您的家乡，您家的生活水平属于哪个层次？

1. 上等 2. 中上等 3. 中等 4. 中下等 5. 下等

A22. 2012 年您全家全年的总收入大约是________元；2013 年春节以来，您全家的总收入大约是________元【注意：包括在城里工作和在家乡的收入】

A23. 您觉得您的身体健康状况：

1. 很不健康 2. 不太健康 3. 一般 4. 比较健康 5. 非常健康

A24. 与三年前相比，您的生活水平有何变化：

1. 下降了很多 2. 下降了一些 3. 没有变化 4. 上升了一点 5. 上升了很多

A25. 总体而言,您对当前的生活感觉怎样:

1. 非常不幸福 2. 不幸福 3. 一般 4. 幸福 5. 非常幸福

A26. 您老家属于农村还是城市:1. 农村 2. 镇或县城 3. 郊区 4. 城市

A27. 您第一次参加工作开始于______年______月

A28. 您目前的就业状况【注意:若有多份工作,则以作为主要收入来源的工作作答】:

1. 全职工作 2. 非全职工作 3. 正在找工作 4. 不用工作 5. 其他______

A29. 您现在的就业类型是:

1. 有编制的职工 2. 合同制员工 3. 劳务派遣工 4. 实习生 5. 临时工 6. 自己经营 7. 小店铺或工厂的雇工 8. 散工 9. 其他方式(请注明)______

A30. 除了这份主要工作,您是否还有兼职:1. 有 2. 没有

> 注意:第 A29 题,如果您选了"1、2、3、4 或 5",则填写 B 部分;如果选了"6、7、8",则填写 C 部分;如果既有正式工作,又有从事零工、散工等兼职,则 B、C 部分都需要填写。①

D. 消费和生活状况

D1. 目前您每个月的收入给家里多少:

1. 全部交给家里 2. 绝大部分交给家里 3. 少部分交给家里 4. 全部由本人支配

D2. 过去半年,您全家月均消费______元,其中月均住宿费______元,伙食费______元;就您个人而言,月均消费______元,其

① 因为 B、C 部分内容较多,且与本书主题无关,所以此处省略。

中，月均住宿费________元，月均伙食费________元，月均电话费________元，月均交通费________元，月均化妆品________元，月均服装________元，其他消费________元。【注意：若某项没有消费，则填写“0”】

D3. 近半年以来，减去支出后，您的家庭每月平均结余________元

D4. 您平时主要在哪里吃晚饭：

1. 家里　2. 企业食堂　3. 路边小摊　4. 正规餐馆　5. 其他（注明）________

D5. 您现在用信用卡消费吗：1. 用　2. 不用

D6. 您平常向朋友、同事或家人借钱吗：1. 经常借　2. 偶尔借　3. 从来不借

D7. 下列说法是否符合您的情况：

	1. 完全不符	2. 不太符合	3. 比较符合	4. 非常符合
a. 除了生活必需品，您从不轻易购买其他东西	1	2	3	4
b. 您经常购买新的穿戴用品	1	2	3	4
c. 您的手机经常更新换代	1	2	3	4
d. 现在您每次出门前都会花一定时间来打扮	1	2	3	4
e. 随着消费水平的提高，您更能和周边的同事、朋友玩到一起	1	2	3	4
f. 您会把每月收入的一部分都存起来	1	2	3	4
g. 您现在逢年过节回家花钱比以前更大方	1	2	3	4
h. 您现在的消费方式与本地人差不多	1	2	3	4

续 表

	1. 完全不符	2. 不太符合	3. 比较符合	4. 非常符合
i. 您在消费上和父辈存在明显差异	1	2	3	4
j. 您的同事、朋友圈中有消费攀比现象	1	2	3	4
k. 参加工作前，您不太注重打扮	1	2	3	4

D8. 您闲暇时最主要的活动(可多选)：

1. 做家务 2. 玩手机 3. 上网 4. 看电视 5. 学习 6. 逛街 7. 打牌、打麻将 8. 体育运动 9. 睡觉 10. 旅游 11. 看电影 12. 打游戏 13. 其他(请注明)________

D9. 您现在平均每天上网________小时，每月上网费用大约________元。【不上网，则填写“0”】

D10. 您的手机是否是智能手机：1. 是 2. 否 3. 没有手机

D10.1 您手机的价格是________元

D11. 您平时主要在哪里买衣服：

1. 路边小摊 2. 网店 3. 超市 4. 专卖店 5. 大商场 6. 其他地方(请注明)________

D12. 您目前居住在什么地方：

1. 企业员工宿舍 2. 私人出租屋 3. 工作场所 4. 自购房 5. 自建房 6. 借住亲友家 7. 公租房 8. 廉租房 9. 其他(请注明)________

D13. 您现在居住的位置属于：

1. 市区 2. 近郊 3. 远郊 4. 农村

D14. 您在城镇中有________套产权房，总面积为________平方米，

市场总价值大概是________万元

D15. 您目前的住房建筑类型是：

1. 简易房(临时板房) 2. 普通平房 3. 老式楼房(1990年以前建的) 4. 新式楼房(1990年及以后建的) 5. 其他(请注明)________

D16. 您目前的居住面积为________平方米，________室________厅；有________人共同居住，其中家人有________人。

D17. 您的居住地到上班场所需要多少时间：________分钟，往返一次的交通费用：________元

D18. 您住所内有以下哪些设施或工具【注意：有的请用"√"标出，没有则打"×"】：

阳台	厨房	卫生间	热水器	电视机	洗衣机	影碟机	音响	电冰箱	空调	电脑	电动车	摩托车	汽车

D19. 您在选择住处时，最看重的因素有哪些(可多选)：

1. 花费少 2. 住房面积大 3. 离工作地点近 4. 邻近老乡亲友 5. 交通方便 6. 生活便利 7. 小区环境好 8. 小区治安好 9. 距学校近 10. 附近工作机会多 11. 其他(请注明)________

D20. 您住所周边的环境状况和配套设施如何：

环境	1. 很差	2. 不太好	3. 比较好	4. 非常好	5. 不清楚
a. 环境卫生	1	2	3	4	5
b. 社会治安	1	2	3	4	5
c. 物业服务	1	2	3	4	5

续　表

环　　境	1. 很差	2. 不太好	3. 比较好	4. 非常好	5. 不清楚
d. 邻里的友好态度	1	2	3	4	5
e. 居/村委会的服务态度	1	2	3	4	5
配套设施	1. 很不方便	2. 不太方便	3. 比较方便	4. 非常方便	5. 不清楚
f. 菜市场	1	2	3	4	5
g. 超市	1	2	3	4	5
h. 医疗机构	1	2	3	4	5
i. 学校	1	2	3	4	5
j. 公园	1	2	3	4	5
k. 公交或地铁站点	1	2	3	4	5

D21. 您目前居住的地方外地人多吗？

1. 几乎全部是外地人　2. 多数是外地人　3. 外地人和本地人各一半　4. 多数是本地人　5. 几乎全部是本地人　6. 不清楚

D22. 您对目前的居住状况是否满意：

1. 很不满意　2. 不太满意　3. 比较满意　4. 很满意

D22.1 如果您对目前居住状况不满意，主要原因是(可多选)：

1. 住房太拥挤　2. 住房质量太差　3. 配套设施不全　4. 社区居民不友好　5. 环境不好　6. 生活不便利　7. 费用高　8. 其他(请注明)________

D23. 在过去两年内，您变换过________次住处；您已经在目前的住所居住了________个月。

D23.1 如果您变换过住处，主要原因是(可多选)：

1. 改善居住条件　2. 工作变动　3. 家人随迁　4. 结婚或同居　5. 买房　6. 子女上学　7. 上班方便　8. 原住处拆迁　9. 其他(请注明)________

D24. 您近期有在现居住地买房的打算吗：1. 有　2. 无　3. 还未考虑

D24.1 如果您有近期买房的打算，想买多大面积的房子：________平方米。

D24.2 您买房的主要原因是(可多选)：

1. 本地定居　2. 小孩读书　3. 孩子结婚　4. 投资　5. 其他(请注明)________

D24.3 根据您目前的情况，您最可能买哪里的房子：

1. 市区　2. 近郊　3. 远郊　4. 县城或城镇

D25. 您有住房公积金吗：

1. 没有　2. 不知道　3. 有，每月总共________元，目前已缴纳________年

D26. 过去半年，您是否有过下列情形：

	1. 从来没有	2. 偶尔有	3. 经常有	4. 非常频繁
a. 经常因担忧某些事情而失眠	1	2	3	4
b. 总是感到生活压力很大	1	2	3	4

续 表

	1. 从来没有	2. 偶尔有	3. 经常有	4. 非常频繁
c. 经常做事时不能集中注意力	1	2	3	4
d. 觉得心情不愉快	1	2	3	4
e. 对未来的生活没有信心	1	2	3	4
f. 觉得生活没有意义	1	2	3	4
g. 感到自己很没用	1	2	3	4

D27. 您愿意在目前的城市永久定居吗？

1. 不愿意　2. 愿意　3. 没想过

D28. 如果您不打算在本地长期定居，那您将来最愿意在哪里定居：

1. 老家农村　2. 老家的镇上　3. 老家的县城或地级市　4. 老家的省会城市　5. 其他中小城市　6. 其他大城市　7. 其他(请注明)________　8. 不清楚

D29. 您是否愿意放弃原来的户口，换取目前工作城市的户口：

1. 很不愿意　2. 不愿意　3. 无所谓　4. 愿意　5. 很愿意

D30. 如果可以把户口迁入城市，您是否愿意放弃老家的土地：

1. 不愿意放弃　2. 愿意放弃　3. 无所谓　4. 没有田地

D31. 在目前的城市，您有没有遇到过下列情形：

	1. 有	2. 没有
a. 被偷	1	2
b. 被骗	1	2

续 表

	1. 有	2. 没有
c. 被抢劫	1	2
d. 被性骚扰	1	2
e. 遭遇交通事故	1	2
f. 被殴打	1	2

附录2 访谈提纲

1. 您刚来上海时穿的什么样式的服装？什么价格？什么牌子？那时感觉自己穿着打扮怎么样？有因穿着打扮而受到别人的白眼吗？

2. 您自我感觉现在与刚来上海时，身体形象有哪些改变？

(1) 购买的服装款式、品牌、价格有没有变化？多长时间购一次物？每次买衣服是否会紧跟潮流？

(2) 在发型、健身、护肤用品、美容、整形、美甲等方面是否有变化？

3. 什么原因导致您有这些变化？

(1) 职业或培训需要？受大众传媒(电视、网络)、他人(同事、朋友或老乡)的影响？受城里人观念的影响？寻求社会地位的上升和社会认同？

(2) 怎么影响的呢？请您详细描述。

(3) 社会关系如何？平时与谁来往较多？他们是否影响您的穿着打扮？

4. 您的形象改变后，

(1) 自我感觉有什么变化？是否感觉到自己更像一个城里人？是否

更适应城里人的生活方式和消费方式？和他人一起做事时，自信心是否增强了？

(2) 同事、朋友对您的评价、态度是否有变化？

5. 您的形象改变后，有没有感觉和周围人的关系发生了变化？

(1) 乘公交车、地铁，去公共场所、吃饭等，是否遇到不平等对待？

(2) 有没有感到无助，被他人怀疑的情形？

6. 您在平常生活中，会特别注重自己的外在形象、穿着打扮吗？出门、上班前一般会特别装扮吗？要花多长时间？如果不这样做，原因是什么？

7. 您平时在哪里买衣服呢？小摊铺、网店、折扣店、品牌店？为什么？

8. 您平时买衣服时会注重什么？请您从款式、品牌、质量、流行度、价格这几个选项中，按照重要到最不重要排序。

9. 您如何看待消费中的攀比问题？如何看待超前消费？

10. 您如何看待很多年轻人将更多的钱用在服装、美容、美发、瘦身、美甲等方面的消费？您周围的朋友有这样的情况吗？

11. 您觉得自己在注重消费、追求生活上与父辈有什么差异？为什么？

12. 当您的收入不能支撑您的消费时，您是怎么做的？有借钱消费或刷信用卡消费的时候吗？

13. 您未来是否有定居上海的打算？是否为此继续增加自我身体资本的投资？

14. 您怎样看待上海人和来上海打工的人？

15. 您是否感觉自己被他人不公正地对待、瞧不起呢？

16. 您在生活中接受过上海人的帮助吗？您平时遇到困难后，主要向谁求助？

内容提要

本书基于身体社会学、个体化等理论基础，以质性研究方法为主，辅以大规模问卷调查数据，对新生代农民工的身体实践过程和文化调适机制进行了研究。本书首先对身体社会学的理论脉络和研究谱系进行了系统梳理；其次，对新生代农民工的身体消费实践状况进行了统计分析，进而剖析其身体实践的行为呈现与现实图景；然后，分析他们身体消费实践的内在逻辑与选择偏好，阐释其行为的规训机制与支配策略，以及这一行为的社会表征与文化意蕴，并对规训技术和数字化影响下的三重赛博格身体进行了探讨；最后，反思这一群体个体化生活方式的建构逻辑与行动策略。

本书既可供从事新生代农民工、消费社会学、身体社会学等方面研究的人员借鉴、学习，也可作为社会学专业的参考用书。